KB248043

당신 곁의 아리아

당신 곁의 아리아

스페인어, 이탈리아어, 프랑스어 등으로 표기된 인명, 노래명, 지역명 등은 표준국어대사전의 외래어 표기법을 따랐지만 일부 굳어진 명칭은 그대로 사용했다.

<토스카>, <피가로의 결혼> 등 몇몇 오페라의 'SYNOPSIS'는 겹친다. 대화와 작품의 이해를 돕기 위해 그대로 두었음을 밝힌다.

일러두기

1. 스페인어, 이탈리아어, 프랑스어 등으로 표기된 인명, 노래명, 지역명 등은 표준국어대사전의 외래어 표기법을 따랐지만 일부 굳어진 명칭은 그대로 사용했다.

2. <토스카>, <피가로의 결혼> 등 몇몇 오페라의 'SYNOPSIS'는 겹친다. 대화와 작품의 이해를 돕기 위해 그대로 두었음을 밝힌다.

3. 책명은 《 》, 오페라의 연극, 영화명은 < >, 아리아 외 노래명은 ' '로 표기했다.

성악가
백재은

×

음악평론가
장일범

당신 곁의 아리아

오페라의 매력에 눈뜨게 할 열여섯 번의 선율 같은 대화
Aria by Your Side

그래
도봄

아리아를 듣는다는 건 누군가의 고백을 엿듣는 일이자
동시에 내 마음 깊은 곳의 감정을 되새기는 일이기도 하다.

메조소프라노 백재은

오페라를 사랑하게 되는 길은 저마다 다르다.
페이지마다 담긴 이야기와 음악의 향기를 따라가다 보면,
어느새 당신도 오페라에 빠져들게 될 것이다.

음악평론가 장일범

4년 전 어느 겨울날, 한 통의 전화가 걸려 왔다.

"안녕하세요, 백재은 선생님. 장일범입니다. 제가 진행하는 cpbc 평화방송 라디오 〈장일범의 유쾌한 클래식〉에 오페라 코너가 있습니다. 매주 월요일에 방송되고요. 이 코너 저와 함께 진행해보시면 어떨까요? 코너명은 '백재은의 행복한 오페라'입니다!"

"네? 라디오 코너요? 제가? 매주요?"

솔직히 말하자면 그때 낮잠을 자다 전화벨 소리에 놀라 깬 터라 정신이 하나도 없었다. 가끔 노래를 부르러 방송국에 간 적은 있지만 라디오 코너를 맡으라니 어안이 벙벙했다. 장일범 선생님은 무슨 생각으로 이런 제안을 하셨는지는 지금까지도 잘 모르겠다. 어쨌든 우리는 그날 이후로 4년이 넘는 시간 동안 방송을 함께하고 있다.

'백재은의 행복한 오페라'에서는 '아는 만큼 보인다'라는 생각으로 쉽고 재미있게 오페라를 설명한다. 오페라 속 역사, 신화, 문화, 혁명, 문학 등 이야기할 거리가 무궁무진하니 일주일에 한 번 만나는 그 시간이 모자라도 한참 모자란다. 오페라 이야기를 하다가 야구나 팝 음악, 영화 이야기로도 흘러가고, 남녀 주인공이 이런 건 잘했네 잘못했네 하며 자질구레한 논쟁을 펼치기도 한다. 곡이 나가는 동안에도 우리의 음악 수다는 끊임없이 이어진다. 다른 클래식 음악 방송과는 달리 발랄하고 떠들썩하다.

오페라가 호락호락하지 않은 장르임에는 틀림이 없지만 우리가 나눈 유쾌한 대화들이 어떤 형태로든 가닿기를 바라왔다. 그래서 오페라의 중요한 요소 중 하나인 '아리아'를 중심으로 방송에서, 사석에서, 곡이 나가는 동안 나누었던 아주 흥미롭고 지나치기 아쉬운 이야기를 담아보기로 한 것이다. 우리의 대화를 옆에서 듣는 듯한 느낌을 살리려고 '대담'이라는 형식을 빌렸다. 곡의 구조와 맥락을 짚으면서 무대 경험과 감정을 입체적으로 전하기에 대화만 한 방식이 또 있을까. 사랑과 갈망, 절망과 희망이 응축된 아리아 열여섯 곡을 따라 이어지는 열여섯 번의 생생한 대화는 이렇게 시작되었다.

아리아는 인물의 내면이 가장 또렷하게 드러나는 순간, 이야기의 흐름 속에서 감정이 정점에 이르는 장면에 울려 퍼지는 독백이자 노래이다. 그 노래를 통해 우리는 한 인간의 성격과 갈등, 마음속 진심을 가장 선명하게 마주할 수 있다. 그런 이유로 우리가 즐겨보는 영화나 드라마, CF 등의 음악으로도 알게 모르게 자주 등장한다. 한 곡만으로도 인물의 감정(사랑, 슬픔, 분노, 희망 등)

을 단숨에 끌어올릴 수 있고, "어? 이 곡 들어봤는데?" 싶을 만큼 인상적인 선율을 선사하기 때문이다. 아리아는 고전 예술의 한 형태지만 그 감정의 깊이나 음악의 힘은 지금 우리의 일상과도 충분히 맞닿아 있다. 사랑에 빠졌을 때, 절망 속에서 허우적거릴 때, 간절히 소망하는 바가 있을 때 등 우리가 느끼는 감정은 300년 전 오페라 속 주인공들과 다르지 않다. 지금 이 순간, 우리의 감정을 비추는 거울이 된다. 언어는 다르지만 그 절절한 음성과 선율은 시대를 넘어 마음을 건드린다. 아리아를 듣는다는 건 누군가의 고백을 엿듣는 일이자 동시에 내 마음 깊은 곳의 감정을 되새기는 일이기도 하다.

이 책은 음악평론가와 성악가가 나눈 대화로 빼곡히 채워졌다. 오페라의 문턱을 낮추는 친절한 길잡이가 되고, 익숙한 선율 속 감정을 다시 음미해보는 새로운 통로가 되길 바란다. 아리아는 분명 오래된 예술이지만 그 감정은 오늘을 살아가는 우리의 마음과도 멀지 않다. 음악이 낯선 분들에게도, 예술을 더 깊이 이해하고 싶은 분들에게도, 단순한 감상을 넘어 마음을 울리는 경험으로 다가가기를 진심으로 소망한다. 여기에 소개한 열여섯 곡의 아리아는 어쩌면 반복되는 일상에서 우리를 잠시나마 구원해줄 뜻밖의 탈출구가 될지도 모른다.

백 재 은

차례

도전하는 영혼, 노래가 되다

열정의 끝, 운명의 문턱에서

ARIA OF LOVE

음악 속에 피어난
사랑의 순간들

Celeste aida

Che gelida manina

Habanera

O mio babbino caro

Un bel di

Una furtiva lagrima

I

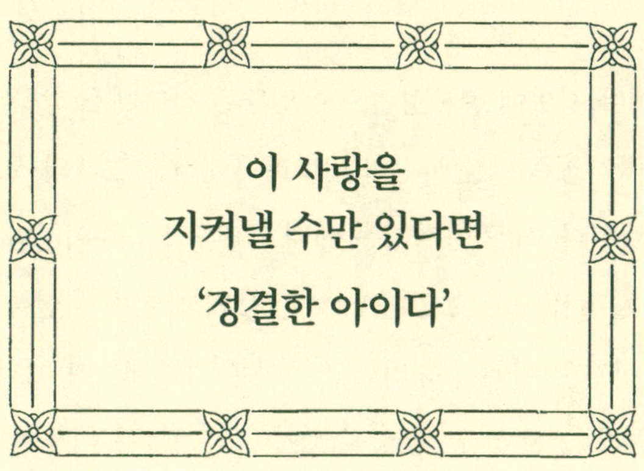

작품	아이다	Aida
작곡	주세페 포르투니노 프란체스코 베르디	Giuseppe Fortunino Francesco Verdi, 1813~1901
아리아	정결한 아이다	Celeste aida

에티오피아 정벌에 총사령관으로 임명된 라다메스 장군. 이집트 공주 암네리스는 그를 사랑하지만 라다메스는 그녀의 시녀 아이다를 사랑한다. 사실 아이다는 에티오피아의 공주이지만 암네리스는 이 사실을 모르고 있다. 그녀는 둘의 사이를 의심하며 괴로워한다. 한편 전쟁에서 승리하고 돌아온 라다메스가 에티오피아의 왕 아모나스로를 포로로 데려오고, 아이다가 이를 발견한다. 개선장군이 된 라다메스를 향해 이집트의 왕은 그를 사위이자 후계자로 삼을 것임을 공표한다. 암네리스는 기뻐하고 아이다는 절망한다.

암네리스와 라다메스의 결혼 전날 밤. 아모나스로는 아이다에게 라다메스를 이용해 다음번 이집트군의 공격 루트를 알아오라 당부한다. 아이다는 라다메스에게 군사 기밀을 알아내고, 때마침 아모나스로가 나타나 셋은 에티오피아로 도망가려 한다. 그러나 곧 발각돼 라다메스는 그 둘을 피신시키고 홀로 체포된다. 암네리스는 사제들에게 그를 용서해줄 것을 빌어보지만, 결국 실패하고 라다메스는 산 채로 무덤 속에 갇힌다. 돌문이 닫히자 미리 숨어 들어와 있던 아이다가 모습을 드러낸다. 두 사람은 함께 사랑의 노래를 부르고, 이들의 영혼을 위로하며 평화를 구하는 암네리스의 기도와 함께 오페라는 3중창으로 막을 내린다.

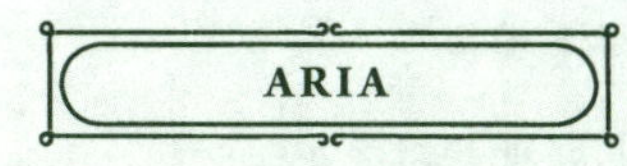

정결한 아이다

원정에서 기필코 승리하여 사랑하는 아이다와 행복한 미래를 보내고 싶은 라다메스의 열망과 사랑을 담은 아리아다.

내가 신탁을 받아서
나의 소원대로 총사령관이 된다면
영광스러운 나의 군대와 함께 진군하여
기필코 승전하리라.
이는 멤피스의 영광이 되리라.
나는 살아 돌아와 말하리라.
아이다, 나는 너만을 위해 싸웠노라고.

정결한 아이다
성스러운 나의 여신이여
빛과 꽃의 신비로운 화환인 그대
그대는 내 삶의 빛이며 나의 여왕이요.

당신 조국의 아름다운 하늘과

달콤한 바람을 당신에게 돌려주고 싶소.

당신에게 왕관 씌워

찬란히 빛나는 태양 곁

그대의 왕좌로 인도하리라.

백 뉴욕주 버팔로 근처 오페라단에서 여름 시즌 단원으로 일한 적이 있어요. 대학원에 재학 중이었으니까 꽤 오래전 이야기이긴 해요. 단원 중 누군가가 오페라 〈아이다〉에 등장하는 아리아를 부를 계획이었는데, 우연히 옆에서 우리 이야기를 들은 마을 주민이 "어머, 나 〈아이다〉 본 적 있는데! 맨해튼에 있는 뮤지컬 극장에서 말이지!"라고 말씀하시더라고요. 모여서 이야기하던 햇병아리 성악가들은 뭐랄까요. 아쉬운 마음이 들었던 것 같아요. 엘튼 존이 각색한 뮤지컬 버전이 〈아이다〉의 오리지널 버전으로 알려진 것 같아서요.

장 그 작품 저도 감동하며 재미있게 봤어요. 얼마 전에 한국에서도 옥주현, 아이비가 출연해 대성공을 거둔 작품이죠. 오페라를 잘 모른다면 유명 가수들이 출연하고 광고가 잘 된 대중성 있는 작품들이 더 눈에 띄는 건 어쩔 수 없죠. 너무 실망하지 마세요. 그렇게 관심을 두다 보면 원작인 베르디 오페라를 더 좋아하게 될지도 모르니까요.

백 맞는 말씀이에요. 푸치니가 19세 때 페사로에서 열리는 오페라 〈아이다〉를 보려고 무려 29킬로미터를 걸었다는 이야기는 유명하죠. 공연이 끝난 후 오페라에 감동해 그 먼

길을 눈물을 흘리면서 돌아왔다는군요. 그날 일기장에 '내 게 음악의 문이 열리는 것을 느꼈다'라고 적었대요. 그리고 결심 끝에 어려운 환경에서도 음악 공부를 제대로 하기로 마음먹죠. 어머니는 장학금을 알아봐주고 푸치니도 열심 히 일해 번 돈으로 밀라노 음악원에 입학해요. 오페라 〈아 이다〉가 없었다면 우리는 지금 푸치니의 아름다운 오페라 들을 못 만났을지도 모르죠. 뮤지컬 〈아이다〉도요.

장 푸치니에겐 많은 클래식 음악 장르 중 오페라에서 자신 을 발견한 유레카 같은 순간이군요. 공부하다가 지칠 때면 〈아이다〉 속 '개선 행진곡'을 떠올리며 힘을 냈을지도요. 이 곡이 용기를 얻기에 좋잖아요.

백 하하, 그렇네요. 그러고 보니 면접 보러 가기 전 듣는 음악 플레이 리스트에 '개선 행진곡'이 맨 앞에 있다는 얘기를 들은 적이 있어요. 이 곡과 퀸의 '위 아더 챔피언'을 듣고 면 접장에 들어가면 어깨가 쭉 펴지면서 당당한 첫인상을 줄 수 있다고요. 저도 기분이 처지는 날에는 〈아이다〉의 '개선 행진곡'을 크게 틀어봐야겠습니다.

장 '개선 행진곡' 하니까 합창 장면이 떠오르네요. 많게는 수 백 명의 합창단이 무대에 올라 장관을 연출하죠.

백 맞아요. 문제라면 문제인 게 이집트인들이 이 합창을 부르 고 난 직후 에티오피아 포로들이 바로 또 합창을 불러야 하거든요. 제작자 입장에서는 합창단 고용 인원 수가 기하급수적으로 늘어나는 거예요. 이 전쟁의 모델이 되는 람세스 3세의 북아프리카 원정에서 람세스는 천 명의 포로를 생포해 왔다고 전해져요. 어느 정도 고증을 따르려면 소수의 합창단으로는 불가능하지요. 보통 오페라에선 같은 합창단이 장면마다 다른 사람들로 출연하거든요. 1막에서는 군인들, 2막에서는 마을 주민들, 3막에서는 밀수꾼들 이런 식으로요. 의상만 잘 바꿔 입으면 관객들이 알아차릴 수 없으니까요. 그런데 '개선 행진곡' 장면에서는 대규모 군인들과 포로 합창단이 같은 무대에 등장해야 하니 '합창단 돌려막기'를 할 수 없는 거죠.

장　합창단도 합창단인데, 가끔 대규모 프로덕션으로 야외 오페라를 기획할 때 이 개선 장면에서 여러 동물을 등장시켜 화제가 되기도 했어요. 오페라의 홍보를 위해서 코끼리를 등장시킨 경우도 있었다니까요.

백　코끼리요? 합창단, 무용수, 나팔수, 모든 주조연 성악가들이 한꺼번에 등장하는 무대에 코끼리가 등장하는 게 가능한가요? 혹시 코끼리가 난동이라도 피우는 날에는 성악가들이 납작해질지도 모르는데요!

장　백 선생님은 유학 중이라 한국에 안 계셨던 2003년에 우리나라 〈아이다〉에도 코끼리가 등장한 적이 있습니다. 올림픽주경기장 야외 오페라였어요. 그날은 코끼리뿐만 아니라 낙타, 말 등도 함께 등장했죠. 외국 무대에서는 보통

작은 코끼리를 등장시키더라고요. 훈련이 잘된 서커스 코끼리들이라서 컨트롤이 그럭저럭 되었다고요. 이상하리만치 미국 오페라에서 코끼리가 자주 등장하는데 마이애미, 샌프란시스코, 버밍햄 오페라 등 미국 단체들이 〈아이다〉에 서커스 코끼리를 등장시켜서 동물 애호 단체의 질타를 받기도 했었죠. 뭐 오페라단의 기획 의도가 이해되긴 합니다. 대규모 개선 장면이고, 전쟁에서 크게 승리해 전리품들을 끌고 돌아오는 것이 개선 의식의 목표이니까요. 그러니 아프리카 코끼리란 대단한 상징성을 지닌 거죠. 거대한 이국의 괴물을 산 채로 끌고온 이집트의 개선장군 라다메스! 오페라 관객들이 멋진 음악과 함께 눈요기를 실컷 할 수 있는 절호의 기회잖아요? 그치만 잘 시간에 극장에 끌려와서 밝은 조명에 놀랐을 코끼리를 생각하면 불쌍하기도 해요.

백 무대가 넓었다니 다행이긴 하네요. 저는 암네리스를 연기할 적에 이 장면이 걱정됐어요. 오페라에 등장하는 모든 캐스트와 나팔수, 무용수들이 한꺼번에 움직이면 2층에 서 있는 저에게도 울림이 고스란히 전달돼요. 나무 무대이다 보니 쿵 하고 꺼질까 무섭더라고요. 물론 무게를 다 계산해서 안전 수칙에 맞춰 만들었겠지만 무서운 건 어쩔 수 없었어요.

장 하하. 무용수 쿵쿵거리는 소리도 무서운 선생님인데, 코끼리가 등장하면 도망가시겠어요.

백　사람도 많은데 잠깐 무대 뒤로 피신하고 싶을지도 모르죠. 코끼리는 좀 무서우니까요, 하하. 제가 초등학교 무렵 공연한 〈아이다〉 무대에서는 말이 등장했다고 하더라고요. 말이 무대 위에 올라왔는데 갑자기 무대 중간에 멈춰서서 큰일을 보셨다고요. 예상치 못한 순간에 다들 당황해서 누구 한 명 치우지 못하고 노래하면서 쳐다만 봤다죠? 조명이 강하니까 김이 모락모락 나서 관객들이 한바탕 웃었다는 이야기를 들었어요.

장　하하, 한국 오페라사에 길이 남을 사건이네요!

백　그나저나 배경이 이집트인 오페라는 정말 드물지 않나요? 유럽을 제외하고 중국이나 일본 같은 아시아가 배경인 오페라는 쉽게 찾아볼 수 있는데 말이에요. 베르디는 어쩌다가 이집트 이야기를 오페라로 쓰게 된 걸까요?

장　〈아이다〉가 오페라로 탄생한 건 베르디가 원했기 때문은 아니에요. 〈아이다〉의 탄생은 순전히 수에즈 운하 때문이었죠.

백　수에즈 운하요? 몇 년 전에 에버그린호가 좌초돼 난리가 났던 그 운하 말씀인가요?

장　맞아요. 수에즈 운하는 1869년에 완공된 세계 무역에 정말 중요한 운하예요. 유럽에서 아시아로 넘어갈 때 수에즈 운하를 통과하면 시간이 엄청 절약돼요. 그렇지 않으면 희망봉을 돌아서 가야 하는데, 현대 선박 기술로도 만 11일이나 차이가 난다니 옛날에는 더했겠죠. 당시 이집트의 왕이나 다름없던 이스마일 파샤 총독이 10년에 걸친 이 대규모 운하 공사를 관리감독해 성공적으로 마쳐요. 물론 공사에만 150만 명이 동원되고, 공사 중엔 9천 명이나 목숨을 잃는 등 우여곡절이 많았죠.

백　공사 중에 9천 명이나 목숨을 잃다니 이집트판 만리장성 같군요.

장 오랜 세월 많은 것을 희생하면서 완공한 이 공사를 통해 이스마일 총독은 이집트를 아프리카가 아닌 유럽의 한 부분으로 편입시키고 싶어 했다는군요. 이스마일은 수에즈 운하 개통 2년 전인 1867년 베르디의 〈돈 카를로〉를 파리에서 관람하고 베르디에게 매료돼요. 그날 이후로 수에즈 운하 개통 기념 오페라를 베르디에게 맡기겠다고 다짐합니다. 개통에 맞춰 이탈리아 건축가들과 엄청난 인력을 동원해 단 6개월 만에 오페라 하우스를 완공했대요.

백 과한 유럽 동경이라고 해야 하나요, 오페라 사랑이라고 해야 하나요? 6개월 만에 듣도 보도 못한 오페라 하우스를 지어야 했던 이집트 건설 인부들도 정말 고생이었겠네요.

장 이스마일이 여러 가지로 열정 넘쳤던 인물임에는 틀림없죠. 오페라 하우스도 다 지었겠다, 이스마일은 여러 루트를 통해 베르디에게 연락해 수에즈 운하의 개막 팡파르 같은 작품을 의뢰합니다. 그 오페라가 바로 〈아이다〉예요.

백 '개선 행진곡'이 등장하는 이유가 있네요. 저런 까닭이라면 코끼리고 낙타고 다 등장해야 옳겠는데요, 하하.

장 그렇죠? 하지만 개관 오페라는 〈아이다〉가 아닌 〈리골레토〉가 대신 공연되었어요.

백 〈리골레토〉라고요? 아니 운하와는 아무 상관이 없는 광대 이야기가 무슨 일로 개관 기념 공연으로 올라갔을까요?

장 〈아이다〉의 원작자로 알려진 오귀스트 마리에트(Auguste Mariette)가 의상이며 무대 준비를 위해 프랑스로 떠났는데, 그 사이에 프랑스-프로이센(독일) 전쟁이 발발하는 바람에 봉쇄령이 내려져 1년이나 프랑스에 발이 묶였다는군요. 준비한 의상과 무대도 함께요.

백 코로나19 팬데믹 기간 동안 공연이 마비된 사건이 생각나네요. 그래도 개관 공연을 하기는 했어요. 총독의 베르디 사랑이 남다르긴 했나 봐요.

장 엄청난 팬이었죠. 총독은 베르디를 거의 경외하는 수준이었다고 해요. 당시 총독과 베르디의 중간 다리 역할을 한 사람이 파리 오페라 감독 카미유 뒤 로클(Camille du Locle)이에요. 이때가 하필이면 베르디가 로클을 외면하던 시기였는데, 로클이 대본을 쓴 베르디 작곡의 〈돈 카를로〉가 파리 오페라에서 푸대접을 받고 막을 내린 적이 있었거든요. 이 때문에 베르디 마음의 상처가 컸다고 해요. 그래서 로클이 하자는 건 아무것도 하기 싫었나 봐요. 이스마일 총독의 의중을 알려줘도 그가 가져다준 모든 대본 후보들을 퇴짜 놓았어요. 몸이 달았던 총독이 로클을 통해 끈질기게 요청하자 1870년 5월 10일에 로클이 베르디에게 이렇게 편지를 씁니다. "만일 당신이 총독에게 커다란 피라미드를 달라고 해도 기꺼이 줄 것 같습니다."

백 피라미드! 아 정말 괜찮은 부동산인데요, 하하. 베르디가 얼른 수락했기를요.

장 　물론 농담이니 피라미드를 받지는 않았죠. 기다리다 화가
난 총독이 승낙하지 않으면 구노나 바그너에게 작품을 의
뢰하겠다고 하자 그제야 마음이 움직였다는 얘기가 있어
요. 물론 〈아이다〉의 스토리가 마음에 쏙 들기도 했고요.
버티지 않기를 잘했죠. 바그너의 〈아이다〉라면 아주 분위
기가 달랐을 것 같네요.

백 '정결한 아이다'를 들을 때마다 아이다랑 사귄 지 얼마 안

됐거나 아직 썸만 타는 중이란 생각이 들어요.

장 아니 왜요?

백 사귄 지 6개월만 되었어도 여자친구를 '정결한 아이다'라

고 부르지는 못할 테니까요, 하하.

사실 '정결한 아이다(Celeste aida)'를 직역하자면 '천상의 아

이다'나 '천사 같은 아이다'로 번역할 수 있는데, 한마디로

'이 세상 사람이 아닌 것 같은 아이다'잖아요? 사랑에 빠지

는 과정을 연구한 학자가 말하길, 이제 막 사랑에 빠진 연

애 초반에는 상대방을 잘 모르면서도 대상을 우상화한다

고요. 그래서 상대를 아주 특별한 사람으로 생각한대요. 주

로 첫눈에 반한 사람들이 이런 현상을 보이는데, 여러 문

학 작품이나 오페라에서도 종종 발생하는 일이에요.

장 말씀을 듣고 보니 《신곡》을 쓴 단테와 베아트리체가 생각

나네요. 서로 첫눈에 반했지만 사랑을 이루지 못하고 베아

트리체가 젊은 나이에 세상을 떠나잖아요. 결국 《신곡》에

서 단테를 천국으로 인도하는 베아트리체는 성모마리아

같은 존재로 등장하고요. 베아트리체는 결국 단테의 여신

으로 남은 거죠.

백　르네상스의 시인 페트라르카도 교회에서 잠깐 마주친 라우라라는 백작 부인에게 반해 사랑을 고백하지만, 남편이 있던 그녀는 그의 사랑을 받아들이지 않죠. 그녀가 흑사병으로 요절하자 페트라르카는 그녀를 잊지 못하고 죽을 때까지 그녀를 향한 사랑의 시를 써서 남겨요. 이것이 그 유명한 소네트라는 시 장르의 시초예요. 100편이나 되는 시를 엮어 《칸초니에레》라는 시집을 남기기도 했어요. 내용이 전부 상상 속의 그녀에 관한 글인데, 과연 이 시에 등장하는 여인이 라우라가 맞기는 한 걸까 싶어요. 단테도 지나가다 딱 두 번 마주친 베아트리체를 평생 쓴 《신곡》의 주인공으로 삼아 천국과 지옥을 오가잖아요. 제가 단테 부인이었으면 정말 화가 단단히 났을 것 같아요.

장　하긴 남녀가 서로를 알려면 밥도 먹고 차도 마시고 이야기도 나누어야 할 텐데요. 라다메스도 궁전에 있는 공주 시녀 아이다를 보고 한눈에 반할 수는 있었겠지만, 몰래 만나서 시간을 보내기란 힘들었겠네요. 아웅다웅 싸움도 몇 번 거쳐야 어떤 사람인지 알 텐데, 허허. 설정만 봐도 라다메스는 아이다를 잘 모를 가능성이 높네요.

백　그러니까 '세상에 없는 아이다'라면서 자기 여신이고 여왕이고 꽃다발이고 하는 거 아니겠어요? 첫눈에 반해서 비극적인 결말을 맞이하는 로미오와 줄리엣처럼 라다메스도 이성적인 결정을 못 하고 슬픈 결말을 맞는 거죠.

장 그냥 우리끼리 "도망가자" 정도였으면 몰라도 개선장군이 군사 기밀을 술술 말할 정도였으니 뇌가 사랑에 완전 지배를 당한 거겠죠? 개선장군에서 한순간에 나라의 반역자가 됐으니 낙폭이 어마어마하네요. 옆에서 보면 '제정신이 아니네, 저 녀석'이라면서 고개를 흔들지도 모르겠어요. 그래도 이런 사랑이 있으니 세상에 낭만이라는 것이 존재하는 게 아닐까요? 낭만이 있어야 음악도 있고 문학도 있고 그런 거죠. 안타깝지만 너무 구박하지 말기로 해요.

캐스트가 쉽지 않은 오페라

백 모든 오페라가 다 그렇지만 이 작품은 유난히 캐스팅이 쉽지 않죠.

장 맞아요. 오페라에 등장하는 모든 곡이 부르기 쉽지 않고, 각 배역 역시 마지막까지 치열하게 빛나는 카리스마가 필요하니까요.

백 오케스트라 구성도 만만치 않게 대규모라 그 소리에 압도당하지 않으려면 암네리스 역의 경우에는 후반으로 갈수록 오케스트라와 기필코 싸워서 승리해야 한다는 결심까지 하게 해요. 모든 금관 악기가 구비된 오케스트레이션이라 그 소리를 뚫고 마지막 클라이맥스를 관객에게 전달하려면 발성을 잘 다듬어서 무대에 서야 하거든요. 공연을 위해 체력을 잘 비축해야 하기도 하고요.

장 아이다의 경우야 뭐 말할 필요도 없고요. 라다메스가 '정결한 아이다'를 부를 때 좀 안타깝긴 합니다. 초반에 목도 안 풀렸는데, 이 오페라에서 가장 중요한 테너 아리아를 불러야 하니까요. 중요한 아리아는 앞에서 목 좀 풀고 2막 중간쯤 나오면 딱 좋을 텐데요.

백 앞에서 중요한 아리아가 나온다고 목을 또 너무 풀고 나오면 후반부 갈수록 힘이 딸릴 수도 있는데, 그것도 좀 그렇죠? 작곡가들이 작품 구성 때문에라도 성악가 편의를 봐주기는 어려울 것 같아요. 우리 작곡가들은 작품을 열심히 쓸 테니 너희 성악가들은 테크닉을 열심히 갈고 닦아 노래를 부르란 뜻이겠죠. 벨칸토 오페라 작곡가들만 해도 성악가에 대한 배려가 좀 있는데, 고전 시대 지나고 베르디, 푸치니로 넘어오는 시대엔 그런 거 없죠. 바그너로 가면 아예 숨도 쉬지 말고 노래하라는 얘기인 것 같고요, 하하.

장   심리적 고뇌와 암투도 많으니까 연기력도 당연히 좋아야 하고요. 객석에서 보면 주연 성악가들이 다들 경연 대회라도 하듯 카리스마를 펼치면서 노래와 연기를 해요. 제작자 입장에서도 쟁쟁한 주연급 성악가들을 동시에 캐스팅하려면 신경 많이 써야겠어요.

백   그래서 〈아이다〉 공연 중엔 아무도 다이어트를 하지 않아요. 역시 기 싸움엔 밥심이 최고니까요, 하하.

II

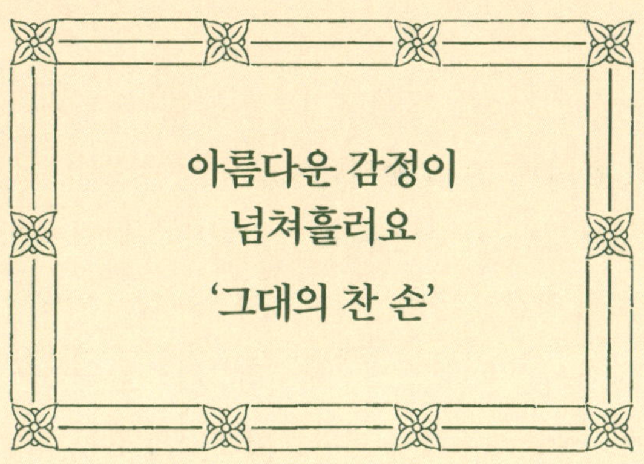

작품	라 보엠	La Boheme
작곡	자코모 푸치니	Giacomo Puccini, 1858~1924
아리아	그대의 찬 손	Che gelida manina

19세기 파리. 작가 로돌포, 화가 마르첼로, 철학자 콜리네, 음악가 쇼나르가 한 아파트에 모여 명랑하고 시끌벅적한 크리스마스 이브를 보내고 있다. 월세 낼 돈도, 방을 따뜻하게 할 땔감도 모자랐지만, 마침 약간의 돈을 벌어온 쇼나르와 함께 카페에 가기로 한다. 원고를 마저 다 쓰고 친구들을 따르기로 한 로돌포. 우연히 아래층에서 불을 빌리러 온 미미를 만나 운명 같은 사랑에 빠지고, 친구들에게 미미를 소개한다. 화가 마르첼로는 곧 시끄럽게 등장한 옛 애인 무제타와 마주친다. 두 쌍의 남녀는 행복한 크리스마스를 맞는다. 시간이 흐르고 사이가 멀어지게 된 두 커플. 로돌포는 자신의 가난한 처지에 병들어가는 미미를 보살필 수 없게 되자 자괴감에 빠진다. 결국 미미는 평소 그녀를 마음에 두던 돈 많은 자작의 집으로 들어간다. 병세가 깊어진 미미는 죽기 전 로돌포를 보기 위해 그의 초라한 아파트에 찾아가고, 모든 친구가 모인 방에서 눈을 감으며 오페라는 막을 내린다.

그대의 찬 손

로돌포와 미미의 첫 만남. 미미가 불을 빌리러 나가려고 한 순간 그녀의 아파트 키가 바닥에 떨어진다. 로돌포의 불마저도 바람이 불어 꺼지는 바람에 두 남녀는 어둠 속에서 열쇠를 찾아 바닥을 더듬는다. 두 남녀의 손이 마룻바닥에서 만나고, 유난히 차가운 미미의 손을 잡게 된 로돌포가 설레는 마음을 미미에게 전하는 아리아다.

그대의 찬 손, 내가 따뜻하게 해드릴게요.

어차피 너무 어두워서 열쇠는 찾지 못할 것 같은데요.

하지만 운 좋게도 오늘은 달이 환히 떴고,

달빛이 이곳을 비추는군요.

아, 잠깐 기다려줘요.

당신에게 얘기하고 싶은 것들이 있어요.

내가 누구이며 무엇을 하는 사람인지요.

내가 누구냐고요? 나는 시인입니다.

내가 무슨 일을 하냐고요? 나는 글을 씁니다.

그럼 어떻게 살아가느냐고요? 그냥 살아갑니다!

난 가난해도 행복해요.

귀족처럼 자유로우니까!

사랑의 시와 사랑의 찬미가를 부르며

꿈같은 상상의 성에서 백만장자처럼 살지요.

당신의 아름다운 두 눈은

내 백만장자의 성 금고에서 보석들을 훔치는

한 쌍의 작은 도둑 같군요.

내 상상 속 성안 사랑의 꿈들, 내 모든 과거의 꿈들을

이제 당신이 송두리째 훔쳐 갈 것만 같군요.

하지만 당신이라는 귀여운 도둑을

나는 원망하지 않을 거예요.

왜냐하면 텅 빈 나의 성은 이제

희망으로 가득 찰 테니까!

이제 나의 모든 것을 아시게 되셨으니

당신에 대해 내게 말해줘요.

당신은 누구신가요?

로맨틱 가이의 사랑 고백

백 이 아리아는 모든 테너 학생들의 애국가 같은 노래예요. 대학 시절 적어도 수천 번은 듣지 않았나 싶어요. 아리아 후반에 등장하는 '희망(la speranza)'이란 가사에서 대망의 하이C, 높은 도 음이 등장해요. '라아 스페에~ 란차'의 '에' 모음에서 등장하는 높은 도 음을 수백 번, 수천 번은 죽어라 연습해야 하거든요.

장 쉽지 않은 이 아리아를 왜 실기 시험으로 다들 부를까요?

백 무엇보다도 노래 자체가 아름다워요. 〈라 보엠〉은 모든 극장에서 인기리에 공연되는 오페라예요. 그러니 이 아리아를 잘 부르면 극장 취직이 쉬워질 수밖에 없어요. 아리아 마지막에 성악가의 기량을 시험해볼 수 있는 고음도 등장해요. 이 한 곡만 들어도 이 성악가가 극장에서 잘 쓰이겠다 아니겠다 판단의 기준이 되거든요.

장 노래는 노래로만 사랑하고 싶은데, 연습하고 오디션 보는 입장에서는 심각한 작업이네요.

백 기량을 키우기 위해 아름다운 노래를 죽어라 연습하는 건 참 슬픈 일이에요. 남들은 아름답게 느끼는 음악이 막상 부르는 사람에게는 풀어야 할 숙제처럼 다가오니까요. 저야 이런 이유로 본의 아니게 테너 친구들의 연습곡인 이 노래를 하도 많이 들어서 익숙하지만, '그대의 찬 손' 아리아가 대중에게 잘 알려져 있는지는 의문이에요.

장 아니, 선생님 그게 무슨 말씀이십니까. 이 노래가 1980년대 히트작 영화 〈문스트럭〉에 등장해 얼마나 큰 인기를 끌었게요. 뉴욕 메트로폴리탄 오페라 하우스에서 〈라 보엠〉에 감정 이입하며 오페라를 보던 젊은 셰어와 니콜라스 케이지가 눈에 선한데요?

백 저도 이 영화에 대해 많이 들었지만 본 적은 없네요. 어떤 내용이길래 〈라 보엠〉이 등장하나요?

장 뉴욕에 사는 이탈리안 가정의 두 남녀가 사랑에 빠지는 이야기예요. 로레타(셰어)는 남편을 사고로 잃은 과부인데, 안정적인 생활을 꿈꾸며 약간은 따분하기도 한 자니(대니 아이엘로)와 약혼을 하죠. 자니에게는 사이가 좋지 않은 남동생 로니(니콜라스 케이지)가 있어요. 위독한 어머니를 위해 시칠리아에 머물던 자니는 자기 대신 로레타에게 로니를 결혼식에 초대해달라고 부탁합니다. 둘은 약간 어색하고 불편하게 만나다 불같은 사랑에 빠져요. 형수가 될 사람이지만 운명적 끌림은 어쩔 수 없었던 거죠. 열정적인 불륜을 저지른 다음 어쩔 줄 몰라 하는 로레타를 보고 로니는 마지막으로 자신과 오페라를 같이 보러 가준다면 당신의 인생에서 사라져주겠다고 약속하죠. 안 된다고 이야기하지만 이미 로니와 사랑에 빠진 로레타는 눈부시게 차려입고 메트로폴리탄 분수 앞에 나타나요. 둘은 눈물을 흘리면서 〈라 보엠〉을 함께 보고 극장을 나서요. 그녀를 집에 데려다주면서 로니는 다시금 사랑을 고백하죠.

백   오페라 같이 보면 인생에서 사라져준다면서요?!

장   아니 사랑에 빠졌는데, 그게 되나요. 게다가 〈라 보엠〉처럼 비극적인 로맨스가 철철 넘치는 오페라를 눈물 흘리며 손잡고 같이 본 남녀인데요. 오페라가 끝나고 로니가 하는 이야기는 놀랍도록 '그대의 찬 손' 가사와 연결돼요. "당신은 나에 대해서 이야기해봐요. 나는 당신에 대해 이야기해줄 테니… 당신 같은 여자가 할 수 있는 가장 위험한 일은 안락한 삶에 머무르는 거예요… 다른 건 아무 상관이 없어요. 이제 과거도 미래도 중요하지 않아요. 가장 중요한 건 바로 지금. 그런데 지금 바로 내 앞에 당신이 있어요."
로레타에 대해 이야기하는 것 같지만, 로레타에 비친 자기 모습을 이야기하고, 마치 내 과거와 미래도 로레타가 송두리째 훔쳐간 것처럼 이야기하는 로니를 볼 수 있죠. 로니가 이 이야기를 할 때 배경음악으로 '그대의 찬 손'이 청아하게 울려 퍼져요. 가장 압권은 이 신의 마지막 장면이에요. '그대의 찬 손'이 영화를 꽉 채운 이 장면에서 로니가 로레타를 향해 차디찬 의수를 내밀어요. 말 그대로 '그대의 찬 손'인 거죠. 로레타는 로니의 찬 의수를 잡고 그의 방으로 함께 올라가요. 감독과 음악감독이 정말 천재적인 순간에 가장 알맞은 아리아를 투입한 거죠. 이 영화가 명작인 까닭이 다 있습니다.

백　내용은 그야말로 막장인데, 로니의 하소연과 아리아가 함께 울려 퍼지니 명작 영화가 되네요. 로맨틱 가이는 시대나 나라를 초월해서 다 통하는 구석이 있나 봐요. 사랑해서는 안 될 사람을 사랑하고, 그 여인을 통해 과거를 잊고 미래의 희망을 본다는 점에서도요. '그대의 찬 손'은 눈앞에 있는 가장 사랑스러운 그녀를 붙잡아야 할 때 울려 퍼지는 아리아로군요. 어떤 여자라도 그 순간엔 안 넘어갈 수 없겠어요.

옆집 대머리 총각, 로돌포

백 불씨 좀 빌리러 왔다가 한눈에 반하려면 둘은 정말 미남미녀여야 하지 않았을까요? 전혀 모르는 상대방과 갑자기 벼락같은 사랑에 빠지는 건 거의 불가능한 일이니까요. 사실 저는 〈라 보엠〉을 보면서 미국 유명 시트콤 〈프렌즈〉가 생각났어요. 젊은 청년 여섯이 뉴욕 한복판에 모여 엎치락 뒤치락하며 살아가는 이야기인데요, 종영한 지 20여 년이 지난 지금도 사람들은 새로운 시즌을 기다리고 있어요. 내용도 재미있지만 20대 남녀 주인공들이 정말 미남미녀들이었죠. 중간중간 브래드 피트나 줄리아 로버츠 같은 쟁쟁한 영화배우들이 등장해도 전혀 꿀리지 않을 정도로요.

장 하하. 그러나 우리 모두 〈라 보엠〉 원작을 읽지 않았습니까?

백 그렇죠. 아, 충격.

장 원작 초반에 로돌포의 외모를 아주 자세히 표현하는 장면이 있어요. 얼굴을 알아보기 힘들 만큼 갖가지 색의 수염이 얼굴을 덮고 있고, 젊은 나이에 머리는 휑한 대머리였다고요. 일단 잘생긴 얼굴이려면 얼굴을 알아보기 힘들 만큼 수염이 있어서는 좀 어렵고, 머리가 성글게 있는 정도도 아닌 '무릎처럼 반짝이는 대머리'라면 로맨틱 코미디 시트콤의 주인공으로는… 글쎄요.

백   대체 원작자는 왜 이런 인물을 남자 주인공으로 설정했을
      까요? 게다가 자세하게 묘사를 했어야만 했을까요?

장   어느 예술작품에나 특히 희곡이나 소설에는 작가 자신이
      등장하는 경우가 많죠. 물론 자기 실명을 붙여서 등장하지
      는 않지만, 자신과 가장 비슷한 인물을 집어넣는 거예요.
      그렇게 되면 전지적 시점이 아닌, 상당히 자세하고 내밀한
      시점으로 극을 바라볼 수 있는 장점이 있죠. 그리고 길이
      남을 자기 작품에 나를 새겨넣는 건 또 다른 업적으로써
      의미가 있고요. 마치 영원히 사는 또 다른 나처럼요. 자, 이
      시점에서 〈라 보엠〉의 원작자 앙리 뮈르제(Henry Murge)를
      살펴봐야 해요.

백   앙리 뮈르제, 당시 유럽인들 사이에서 대단한 인기를 끌었
      던 《보헤미안의 생활 정경》을 쓴 작가죠. 원래는 신문 연재
      소설이었는데, 책으로 출간해서 더 유명해진 작품이에요.

장   재미있는 게 로돌포의 외모에 대한 자세한 설명이 앙리 뮈
      르제와 일치해요. 그가 남긴 몇 안 되는 사진을 보면, 눈빛
      은 형형하지만 턱수염이 온 얼굴을 덮고 있어요. 이마가
      약간 동그라니 앞으로 솟은 상인데, 머리는 한 가닥도 없
      어서 왠지 광채가 날 것 같단 말이죠. 게다가 로돌포는 시
      인이고 작가이기도 하잖아요? 이름만 달랐지, 자기 자신을
      작품 한가운데 심어놓은 거죠.

백 이 정도면 그냥 주인공 이름도 앙리라고 할 것이지, 하하하. 물론 머리카락이 없고 반짝거리는 대머리라도 미남일 수 있죠. 빈 디젤이나 제이슨 스타뎀 같은 대머리 미남 배우도 존재하니까요. 하지만 이분들은 헐리웃 '액션 근육' 소유자니까 사실 '무릎같이 반짝거리는 대머리'도 근육의 연장선상으로 보인단 말이에요. 하지만 앙리 뮈르제는 19세기 프랑스 파리 아파트 한구석에서 틈만 나면 글을 쓰던 작가였으니 근육은 기대하기 좀 어렵죠. 로돌포는 그냥 평범한 옆집 대머리 총각이었던 걸로요. 근육은 없지만 멋진 글솜씨와 말재주가 있었으니, 미남이 아니더라도 무슨 상관이겠어요. 잘생긴 얼굴과 근육이 매력의 전부는 아니잖아요?

장 그렇죠. 사람을 끌어당기는 힘은 외모에서만 나오는 게 아니니까요.

백 그런데 앙리 뮈르제가 자신을 집어넣은 소설의 배경은 좀 이해가 가지 않는군요. 제가 저를 제 소설에 집어넣는다면 저는 장르도 다르고, 배경도 많이 다를 것 같아요.

장 선생님은 어떤 작품에 들어가보고 싶으신가요?

백 《보헤미안의 생활 정경》은 배경이 상당히 로맨틱한 프랑스 파리이긴 하나 정작 주인공들은 너무 힘겨운 삶을 살아요. 늘 돈이 없어 궁핍하죠. 독자들이 볼 때는 재미있겠지만 실제로 겪는다면 정말 힘들 에피소드가 연달아 등장하

고요. 다행히 오페라엔 등장하지 않지만 원작에선 주인공
의 여자친구들이 자꾸 돈 많은 남성들에게 넘어가는 바람
에 집을 나가지를 않나, 예술가들인데 작품이 잘 안 팔려
서 고생하지를 않나. 저라면 얼른 소설 속에 궁전 하나 꾸
며서 여왕처럼 즐겁고 편안하게 사는 주인공으로 남고 싶
을 것 같아요.

장　그런 소설 속 주인공이라면 상상 속에서는 즐거울지 몰라
요. 하지만 그 소설은 아무도 사지 않을 테니, 하하, 제발
책으로 펴내지는 마시고 일기로 끝내시죠, 선생님.

백　하하하. 그런가요.

장　상황이나 인물의 묘사가 얼마나 사실적인지 주인공이 겪고
있는 감정이 얼마나 현실감 있는지는 성공한 소설에서 중
요한 부분을 차지하잖아요? 만일 앙리 뮈르제가 겪어본 적
도 없는 일을 소설로 써서 내놓았다면 설득력이 많이 떨어
졌겠죠. 백 선생님이 성악가에 대한 소설을 쓴다면 굉장히
설득력 있는 작품이 될 겁니다. 성악가의 삶을 살면서 느끼
는 기쁨과 어려움, 외로움 등은 선생님 자신이 아니면 아무
도 써내지 못할 개인적인 사안이에요. 그런 특별한 경험들
에 대한 지극히 개인적인 묘사가 좋은 글을 낳으니까요.

백　그럼 앙리 뮈르제도 이 청년들이 겪었던 경제적 정신적 어
려움을 다 겪었을까요?

장　앙리 뮈르제의 아버지가 파리의 소위 보헤미안들이 사는

아파트의 관리인이었다고 해요. 보헤미안이란 원래 '보헤미아에서 온 집시'라는 뜻이었지만 19세기에 들어서는 출신 지역과는 상관없이 '전통적인 생활이나 관습에 얽매이지 않는 자유분방한 예술가와 같은 성격을 가진 청년들'을 지칭하는 말로 쓰였대요. 19세기에 자유로운 정신으로 예술을 창조하는 사람들이란 가난하기 마련이었죠. 아버지가 월세를 내지 않고 버티는 보헤미안 청년들 때문에 골머리를 좀 앓았다고 하더라고요. 〈라 보엠〉 주인공들과 많이 비슷하지 않나요? 같은 건물에서 늘 이런 청년들과 형동생 하며 지냈을 테니, 이 보헤미안들은 앙리 뮈르제의 얄미운 가족이나 다름없었죠.

백 그러다 원작자 앙리 뮈르제도 그들과 같은 보헤미안이 되고 말았군요. 미워하고 동경하면서요. 작곡가 푸치니도 젊은 시절에는 보헤미안이었다는데, 〈라 보엠〉이 여러 사람의 마음을 감동시키는 유명한 작품인 데는 이런 두 보헤미안 예술가의 공이 크네요.

하염없이 아름다운

장　푸치니의 모든 작품이 그렇지만 〈라 보엠〉은 특히 사람의
마음을 파고드는 아름다움이 있어요.

백　〈라 보엠〉은 로맨스 오페라의 정석이죠. 가난하지만 사랑
이 넘치는 남과 여. 하지만 여자 주인공은 춥고 허름한 집
에 있으면 상태가 악화되는 병에 걸린 상태잖아요. 슬프지
만 남자는 여자의 생명을 위해 그녀를 어떻게든 좋은 환경
으로 보내줘야 하는 거죠. 로미오와 줄리엣에서는 부모의
반대가 걸림돌이었지만 〈라 보엠〉에서는 가난과 추위, 그
녀의 깊어가는 병이 부모의 반대 못지않은 사랑의 장벽이
에요. 남자가 보내줬으면 훌훌 털고 일어나 부자 남자친구
에게 미련 없이 갈 만도 한데, 결국 죽기 직전 사랑하는 이
의 얼굴을 보려고 다시 돌아오죠.

장　사랑에 처음 빠졌을 때의 설렘과 잡을 수 없는 연인에 대
한 안타까움, 결국 죽음이 둘을 갈라놓는 사랑의 비극까지.
정말 갖출 대로 다 갖춘 로맨스 오페라의 정석이 아닐 수
없습니다.

백　그래서 유난히 주인공을 맡은 소프라노와 테너가 사랑에
빠질 확률이 높은 오페라이기도 해요. 1992년 비엔나에
서 안젤라 게오르규(Angela Gheorghiu)와 로베르토 알라냐

(Roberto Alagna)는 남녀 주인공으로 만나죠. 오페라의 마법이 이들을 휘감았는지 결국 1994년 코벤트 가든에서 다시 만나 사랑에 빠져 1996년 메트로폴리탄 오페라 〈라 보엠〉 공연 중에 결혼식을 올려요.

장　　오페라 도중에 결혼식을 했다고요?

백　　1996년 뉴욕 시장이었던 루디 줄리아니는 이탈리아계 정치인이었어요. 오페라를 사랑한 그는 이 두 젊은 성악가들과도 친분이 있었죠. 두 사람이 결혼한다는 이야기를 듣고 줄리아니는 그들이 처음 만난 오페라인 〈라 보엠〉 공연 중간(인터미션)에 결혼식을 올리면 어떠냐고 제안했다는군요. 두 사람은 막간 쉬는 시간에 메트로폴리탄 오페라 감독 조셉 볼페의 사무실에서 결혼식을 올리고, 오페라에서 친구로 출연하던 성악가들이 들러리를 서서 화제가 되었어요. 세계 오페라 전문지들은 이 세기의 결혼을 대대적으로 보도하기에 바빴죠.

장　　〈라 보엠〉으로 시작해서 〈라 보엠〉으로 해피엔딩을 맞은 진정한 푸치니언 커플이군요.

백　　맞아요. 저는 이들을 보면서 '만일 저들이 처음 만난 오페라가 〈라 보엠〉이 아니고 다른 오페라였다면 그래도 사랑에 빠졌을까?' 하는 생각이 들더라고요.

장　　만일 이들이 레온카발로의 〈팔리아치〉나 푸치니의 〈외투〉 같은 남녀가 살벌하게 싸우는 작품에서 처음 만났다면 정말 다르긴 했겠네요.

백 그렇죠. 그랬으면 한 달이 넘는 리허설 기간 동안 서로를 바라보는 눈 자체가 달랐을 테니까요. 〈라 보엠〉에는 오페라 전체에서 가장 중요한 사랑의 아리아가 두 곡 연달아 나오니 사랑에 빠지지 않는 게 더 힘들지도 몰라요. '그대의 찬 손' 바로 다음에 미미의 아리아 '내 이름은 미미예요'가 등장하잖아요.

장 그렇네요. 극 중후반쯤엔 다른 훌륭하고 아름다운 아리아들도 나오지만 역시 〈라 보엠〉의 가장 중요한 아리아는 저 두 곡이에요.

백 오페라 초반에 등장하는 중요한 장면이기에 이 장면만 잘 넘어가면 보통 오페라 마지막까지 흐름이 잘 연결되어 안정적인 공연이 돼요. 하지만 이 장면에서 남녀 주인공의 사랑스러운 기운이 잘 조성되지 않거나 테너가 음 이탈이라도 하는 날에는 끝까지 불안불안한 거죠. 메트로폴리탄 오페라 공연에서 테너가 음 이탈을 심하게 하자 앞줄에 앉아있던 할머니 관객들이 1막 끝나고 집에 그냥 가버리는 것도 봤어요.

장 아니, 테너가 실수 좀 했다고 중간에 자리를 떴단 말입니까? 용서가 없군요.

백 투덜대며 나가시더라고요. "저 테너가 내 오늘 저녁을 망쳤어! 끝까지 불안하게 보느니 집에 갈 테다" 하면서요. 메트로폴리탄 오페라만 해도 아주 오래된 고정 관객층이 많으니 수없이 〈라 보엠〉을 봐온 경험상 후반부의 흐름까지 눈에 선했던 거죠.

장 그렇군요. 〈라 보엠〉은 초반 성공 여부가 전체 성패를 좌우하는 오페라네요.

백 연출자는 심혈을 기울일 수밖에 없어요. 앞에서 잘못되면 뒤까지 여파가 미치니까요. 게다가 이 아리아의 내용, 선율, 열정을 자세히 보셔야 해요. 몇 번이고 소프라노의 손을 잡고 온 마음을 담아 노래하는 것을 연습하다 보면 눈앞에 있는 소프라노가 천사처럼 아름다워 보일 테고, 더욱이 평소에 그리던 이상형이라면 사랑에 빠지지 않는 게 더 이상한 거죠.

장 푸치니 음악엔 마음속 묵은 감정을 끌어당겨 폭발시키는 힘이 있어요. '내 텅 빈 마음은 이제 당신이라는 희망으로 가득찼소' 하는 대목에서 이 '희망'이라는 단어가 하이C 음에서 폭발하듯 터져 나오죠. 이 대목에서 관객들은 모두 크나큰 카타르시스를 느끼고요.

여기엔 용기가 없어 하지 못했던 사랑 고백, 지금 곁에 있는 사람에 대한 사랑과 감사에 대한 토로가 담겨 있어요. 푸치니의 이 아리아를 듣다 보면 그간 내 안에 담겨만 있었지 감히 세상으로 나오지 못한 벅찬 감정들이 선율을 따라 넘쳐 흘러나올 것 같은 느낌이 들어요.

최근 들어 더욱 삭막해진 사회에 이런 아름다운 감정을 부풀어 넘치게 해주는 음악들이 더 필요한 게 아닐까요? 〈라보엠〉은 19세기 사람들보다 오히려 21세기를 사는 우리에게 더욱 필요한 음악이 아닐까 싶네요.

Ⅲ

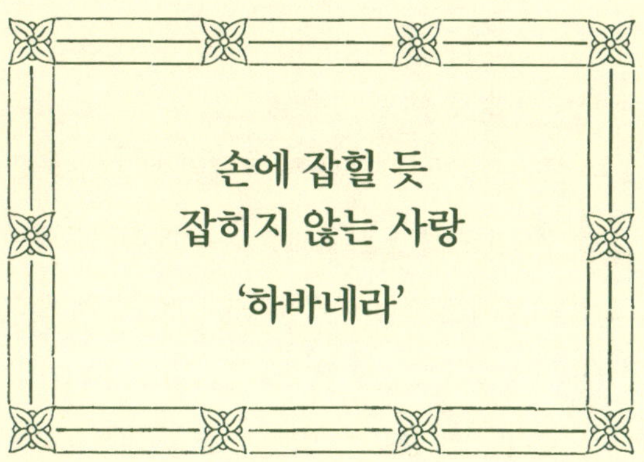

작품	카르멘	Carmen
작곡	조르주 비제	Georges Bizet, 1838~1875
아리아	하바네라	Habanera

스페인 세비야 광장. 광장 옆 담배 공장에서 여공들 간의 싸움이 일어나고, 바스크 출신의 하사관 돈 호세는 싸움에 휘말린다. 매력적인 집시 여직공 카르멘은 호세를 유혹해 자기를 풀어주도록 만들고, 그 일로 호세는 영창에 가게 된다. 영창에서 풀려난 호세는 술집에서 카르멘을 호시탐탐 노리던 상사 주니가와 싸움이 붙고, 귀대를 포기한 채 그녀와 밀수꾼 소굴에 합류하며 탈영병 신세가 된다. 하지만 카르멘의 사랑은 곧 시들해지고 그녀의 마음은 투우사 에스카미요에게 기운다. 모든 것을 버리고 카르멘을 따라 밀수꾼이 된 호세는 카르멘의 변한 마음에 절망한다. 마침 고향에서 온 약혼녀 미카엘라는 호세의 어머니가 위독하다는 소식을 전하고 호세는 그녀와 함께 고향으로 돌아간다. 시간이 지난 후, 에스카미요의 구애를 받아들여 그의 애인이 된 카르멘. 애인의 경기를 보기 위해 한껏 치장하고 투우장으로 들어가던 카르멘은 남루한 차림의 호세와 마주친다. 호세는 카르멘에게 "나는 아직 너를 사랑한다. 네가 나의 것이 되지 못할 바에야 너를 죽이고 말겠다"라고 협박한다. 카르멘은 "나는 자유롭게 태어난 사람. 죽을 때도 자유롭게 죽을 것이다" 하며 그에게 받은 반지를 빼 던져 버린다. 호세는 그녀를 칼로 찔러 살해하고 절규한다.

하바네라

오페라 1막 카르멘이 등장하며 부르는 아리아. 매력적인 카르멘이 등장하자 마을 남자들이 그녀를 에워싸며 '언제 애인을 고를지 가르쳐 달라'며 조바심 어린 합창을 부른다. 남성 합창에 마치 답가처럼 사랑의 변덕스러운 속성을 이야기하는 카르멘. 순진한 돈 호세만이 이 유혹적인 노래에 관심이 없고, 카르멘은 점점 그에게 관심이 쏠리기 시작한다.

사랑은 그 누구도 길들일 수 없는

한 마리 새와 같죠.

그 새가 누구의 말도 듣고 싶어 하지 않을 때는

어느 누가 부른다 해도 돌아보지 않아요.

위협을 하든, 애원하든

모든 게 다 허사지만

만일 말을 잘하는 남자와 과묵한 남자

둘 다 날 원한다면

난 늘 과묵한 쪽에 마음이 더 기울더라고요.

사랑은 접시 아이 같기만 해서

어떤 규칙도 배운 적이 없죠.

만일 당신이 날 사랑하지 않는다면

난 당신을 사랑할 거고,

내가 진짜 당신을 사랑할 땐

당신 조심해야 할걸.

당신이 잡고 싶었던 그 새는

날개를 풀썩이며 이미 날아가버렸지.

당신이 기다리면 기다릴수록

사랑은 멀리 날아가버리죠.

당신이 더 이상 기다리지 않을 때 비로소

사랑은 당신 옆으로 날아와

당신 것이 되는 거예요.

중압감 넘치는 첫 등장

장 제가 제일 가깝게 생각하는 작곡가의 아리아네요. 프랑스의 작곡가 조르주 비제!

백 의외인데요? 비제를 가장 가깝게 여기신다니. 푸치니나 바그너를 가장 좋아할 거라 생각했어요.

장 물론 그들도 정말 사랑하죠. 하지만 비제와 저는 태생부터 얽힌 사이거든요. 저랑 생일이 같은 작곡가랍니다. 10월 25일이요. 꼭 기억해주셔야 합니다, 하하.

백 〈카르멘〉은 제가 가장 자주 주연으로 무대에 오르는 작품인데, 작곡가 비제와 장 선생님의 생일이 같다니요. 대단한 우연이네요.

장 그러게 말입니다. 우리가 지금 이 오페라에서 가장 유명한 아리아에 대해 이야기하려고 하잖아요. 주인공 카르멘의 아리아인 '하바네라※'. 한국 사람들이 가장 사랑하는 아리아 중 하나죠.

백 맞아요. 광고나 드라마에도 심심치 않게 등장하곤 하죠.

장 이 오페라를 볼 때마다 여주인공이 하바네라를 부르려 무대에 등장할 때 상당한 중압감에 시달리지 않을까 하는 생

※ 스페인어나 프랑스어 H는 묵음으로 아바네라(아바네스)라고 읽는다. 이 책에서는 표준국어대사전에 등재된 '하바네라'로 표기하였다.

각이 들어요.

백 오, 그건 정말 맞는 이야기예요. 어떤 점에서 그럴 거라고 생각하신 거예요?

장 여주인공이 막이 오르고 한참 뒤에 등장하잖아요. 미카엘라가 어머니의 심부름으로 약혼자 호세를 찾다가 군인들과 옥신각신하는 장면이 지나고, 어린이 합창과 공장 여직공 합창도 모두 끝나고요. 아리따운 아가씨 합창단이 떼로 나온 직후에 동네 사람들이 "아니 (우리 제일 예쁜) 카르멘은 어디 가서 아직도 안 나오고 있어!" 하고 단체로 외치니까 그제서야 겨우 등장한단 말이에요. 그 온갖 부담과 긴장을 온몸에 지고 나와서 부르는 장면이니 얼마나 중압감이 크겠어요?

백 카르멘 연기를 많이 한 저보다 더 잘 아시네요. 게다가 이 여직공 합창이라는 것이 무척 관능적이기도 해서 '아니, 내가 지금 저 금발 청순녀와 반라의 여직공들을 모두 이기고 이 동네에서 남자들이 제일 기다리는 일등 미녀로 등장해야 돼?' 싶어 당황스러운 순간이 바로 이 아리아 직전이니까요.

장 일등 미녀라… 확실합니까? 당시 스페인의 일등 미녀라면 집시 여인하고는 거리가 좀 있었을 것 같은데요? 옷도 제대로 안 입고 머리도 산발한 채 맨발로 뛰어다니는 카르멘이라면 더욱요.

백　미녀라는 기준이 머리는 금발, 눈은 푸른색, 키는 어느 정
도 이상 이렇게 정해진 건 아니니까요. 어쩌면 마을에서
가장 흡인력 있는 여인이라는 말이 더 맞을 수 있겠네요.
가끔은 등장하자마자 극장 안 모든 사람의 이목을 한번에
집중시켜야 하니 울고 싶을 때도 있어요. 극장이 크면 클
수록 머리 위 공기마저 소리를 내면서 저를 누르는 듯한
느낌도 받고요.

장　허허, 머리 위 공기에서 소리가 난다라… 궁금해서 그러는
데, 한국에서는 어느 극장이 제일 심하던가요?

백　남산 자락에 있는 국립극장이요. 오페라 전용 극장이 아니
어서 관객석 숫자도 많고, 머리 위 공간이 상당히 크고 넓
어요. 국립극장에서는 국립 오페라단과 공연했는데 프랑
스 프로덕션의 유난히 절제된 미장센을 가져오는 바람에
무대가 많이 단순했거든요. 노래하면서 춤을 출 때 홀로
외롭게 깜깜한 우주를 떠다니는 기분이었달까요? 사람 사
이를 뚫고 나와서 노래하는 것보다 빈 공간을 뚫고 나와
노래하는 게 더 힘들더라고요.

장　등장 직전엔 또 어떤 감정이나 생각이 드는지 궁금하네요.

백　그런 건 극비인데, 하하. '어젯밤에 라면 괜히 먹었네. 얼굴
이 부었잖아. 춤출 때 팔뚝 굵어 보이면 어떡하지?' 뭐 이런
생각이 막 지나가죠.

장　하하하. 너무 의외의 답변인데요? 저는 무슨 발성이나 연

기 동선 생각하실 줄 알았어요.

백 물론 그런 것도 생각하지만 역시 위기의 순간에는 가장 현실적인 문제들이 먼저 떠오르는 것 같아요. 발성이야 뭐 수십 년 연습했으니까 컨디션만 좋으면 따로 생각 안 해도 되고요. 동선은 이미 몸에 익은 상태로 무대에 오르는 거니까요.

장 그러면 이 모든 중압감을 떨쳐내기 위한 특별한 비법이라도 있을까요?

백 오늘 업계 비밀이 자주 등장하는군요. 뉴욕에서 성악가 코치 잘하기로 유명한 분이 계셨는데요, 무대 오르기 전 너무 긴장될 때는 어떻게 해야 하나 물었더니 "재은, 네가 동양에서 온 예의 바른 학생이라는 걸 잘 알고 있어. 하지만 너무 긴장될 때는 무대 직전까지 네가 아는 제일 센 욕을 마음속으로 마구 외쳐보는 거야. 상황이 허락하지 않으면 작게라도 (그러나 치열하게) 막 중얼거려봐. 그러면 긴장이 훨씬 잘 풀리게 되어 있어."

장 충격의 연속입니다. '하바네라' 직전에 욕이라니요, 하하하.

백 선생님도 긴장될 때 한번 해보세요. 효과가 있다니까요?

쿠바의 춤곡 '하바네라'

백 스페인에서 부르는 아리아인데, 쿠바의 춤곡 이름이라니 참 특이하죠?

장 다들 '하바네라'라고 부르는데, 사실 틀린 발음이에요. 하바네라는 원래 '아바나의 춤'이란 뜻의 'Danza Habanera'가 줄어든 말이거든요.

백 쿠바의 수도 '아바나'요?

장 맞아요. 아바나의 춤곡이니 '아바네라'가 맞는 발음이에요. 그런데 맨 앞 묵음 H까지 발음해서 많은 사람이 '하바네라'로 부르지요. 방송에서도 '아바네라'로 고쳐 소개하는데, 다들 하바네라로 발음하셔서 속상합니다. 백 선생님은 꼭 발음 잘 고쳐서 소개해주세요.

백 저도 잘 잊어버리긴 하는데, 생각날 때마다 잘 발음해볼게요. 그나저나 스페인과 쿠바는 거리상으로 꽤 먼 지역인데요, 특히 카르멘이 담배 말던 시절에는 더더욱 멀었을 텐데 왜 스페인에서 하바네라를 불렀을까요?

장 쿠바와 스페인이 상당히 떨어져 있지만 15세기에 희망봉을 향해 가던 콜럼버스가 실수로 쿠바와 아메리카에 도착하는 바람에 쿠바를 포함한 중남미 지역이 스페인의 식민지로 수백 년간 있었잖아요. 쿠바와 스페인 사이에 교류가

많아지다 보니 아바나(하바나) 음악이 스페인에서 유행한
것이죠. 집시 여인 카르멘이 아바나 춤곡을 아리아로 부르
게 된 이유래요. 예나 지금이나 강렬한 이국적 문화는 사람
들의 관심을 끌죠. 매일 집밥만 먹다가 마라탕이나 쌀국수
같은 외국 음식이 확 끌릴 때가 있잖아요. 뭐 사실 카르멘
도 스페인 여인이라기보다는 떠돌며 사는 집시 여인이었
으니, 전통 스페인 노래를 부르는 것도 좀 안 어울리고요.
비제는 정말 이국적인 것을 좋아했나 봅니다. 프랑스 작곡
가가 스페인을 배경으로 집시 여인이 부르는 아바나의 노
래를 작곡하다니. 사람들의 귀가 솔깃할 만한 퓨전 음식
같은 아리아군요.

백　범상치 않은 아리아네요, 이제 보니까. 늘 버릇처럼 불렀는
데 말이죠. 앞으론 퓨전 요리를 머리에 떠올리면서 더 공
들여 불러야겠어요, 하하. 식민지에서 온 이국적인 음악이
'하바네라' 말고 또 있지 않을까요?

장　아르헨티나의 탱고요. 원래 발음은 '땅고'라고 합니다.
사실 탱고의 기원도 하바네라였다는 것이 가장 유력한
설이에요. 아르헨티나의 수도 부에노스아이레스 선착장
주변에서도 하바네라가 유행했었죠. 우루과이의 몬테비
데오에서 유행하던 칸돔베※가 하바네라에 영향을 주어

※ Candombe : 아프리카 노예들로부터 유입된 우루과이의 음악 또는 춤. 우루과이의 흑
　인들이 박자감 있는 칸돔베 음악에 춤을 추며 거리를 행진하고는 했다.

밀롱가✿가 탄생하고 이 밀롱가가 발전한 것이 탱고라는 이야기예요. 스페인의 식민지로 오래 있었던 아르헨티나의 음악이 스페인과 유럽 전역에 퍼지며 스페인의 이삭 알베니스(Issac Albeniz) 같은 작곡가가 탱고 음악을 작곡하기도 했잖아요. 그러고 보면 나라는 점령할 수 있어도 문화는 점령하기 불가능한가 봐요.

백 그러고 보면 재즈도 비슷하네요. 종류가 많아서 경계 짓기는 힘들지만요. 노예로 아프리카에서 잡혀온 흑인들의 음악을 기원으로 결국 미국의 전통음악처럼 자리를 잡았다는 면에선 비슷한 듯해요. '나는 지배당할지라도 내 음악은 거꾸로 너를 지배한다.' 음악으로 한 한풀이네요. 쿠바에서 시작했지만 스페인 집시가 세비야에서 부르는 프랑스판 오페라 아리아 '하바네라'. 복잡하기도 하군요, 정말.

✿ Milonga : 아르헨티나에서 생겨난 빠른 4분의 2박자 춤과 음악. 사람들이 모여서 탱고를 추는 곳을 '밀롱가'라고 부르기도 한다.

장 이렇게 강렬한 여주인공이라면 작곡가가 모델로 삼은 실제 인물이 있을 법도 한데요?

백 당시 프랑스의 여류 명사였던 셀레스트 모가도르(Celeste Mogador)요. 16세에 매춘굴에서 일해야 할 정도로 불우한 어린 시절을 보낸 여인이었죠. 하지만 이 모든 상황을 극복해내고 인생 중후반에 와서 프랑스의 여류 명사가 돼요. 그녀는 정말 다재다능했어요. 오페라 대본과 소설, 희곡을 계속 써나갔죠. 오페라 극장을 운영하는가 하면 직접 오페라의 짧은 버전인 오페레타를 작곡하기도 했어요. 우리가 잘 아는 오페라 작곡가 도니체티를 도와 오페라를 함께 만들기도 했다는군요. 《삼총사》를 쓴 알렉상드르 뒤마(Alexandre Dumas)와 자작 소설을 희곡으로 각색해 연극 무대에 올리기도 했죠. 지금이야 언뜻 '예술적 방면으로 재주가 좀 있는 여자'라고 생각할 수 있지만, 당시로서는 정말 범상한 사람으로 아무나 이루지 못할 일을 척척 해낸 거예요.

비제는 열차에서 그녀를 처음 만났는데, 당시 셀레스트의 나이가 비제보다 14살이나 많았대요. 하지만 너무나 매력적인 그녀에게 홀딱 반해 그녀가 좋아하던 음악과 그녀의 이야기를 바탕으로 오페라 〈카르멘〉을 작곡한 거죠.

장　비제의 어머니가 자녀 교육에 관심이 컸다고 하던데 어머니의 영향이었을까요? 자기보다 연상이고 주관이 강한 여성인 셀레스트에게 금세 빠진 걸 보면요. 원래 아들은 엄마 닮은 여자를 좋아한다는 이야기를 많이 하잖아요.

백　그럴 수도 있겠네요. 셀레스트가 당시 보편적인 '애인'과 좀 달랐던 게 어떤 면에서는 비제를 아들처럼 돌보기도 했던 거니까요. 셀레스트는 자신의 넓은 저택을 비제의 작업을 위해 제공해요. 피아노도 구입해서 비제가 마음껏 피아노를 치며 작곡을 하도록 도왔어요. 이모뻘 되는 셀레스트의 집에 작곡을 한다는 핑계로 젊은 비제는 그녀의 저택을 드나들었죠.

장　나이 차이 많이 나는 이 커플을 바라보던 셀레스트 어머니는 또 얼마나 속이 터졌을까요. 딸과 같은 집에 살던 셀레스트의 어머니는 피아노도 비제도 극히 혐오했었대요. 하긴 나이도 들 만큼 든 딸이 자식뻘 되는 젊은 녀석하고 붙어 앉아 피아노나 뚱땅거리는 것을 예쁘게 봐줄 어머니는 많지 않겠죠. 하루는 기차역에서 돌아오는 길에 셀레스트 방 창문을 두드리는 비제를 발견하고, 2층에서 커다란 접시를 집어 던졌다는 얘기도 있다니까요. 말 다한 거죠.

백　2층에서 접시라면 살인 미수 수준인데요.

장　접시 던지는 솜씨는 별로였던지 다행히 비껴갔다는군요.

이 정도면 셀레스트와 비제의 관계가 그녀의 말처럼 아주 순수한 관계만은 아니었던 것 같죠? 그랬다면 '비제는 셀레스트가 집에 혼자 있을 때만 그녀의 집에 들락거린다'라는 소문은 나지 않았겠죠. 세월이 흘러 지구 반대편에 있는 우리가 여전히 이 얘기를 할 정도면 이들 커플의 소문은 유명한 스캔들이었을 거고요.

백 셀레스트가 그 정도 소문에 만나고 싶은 남자를 만나지 않는 얌전한 성격이었다면 아마 카르멘의 모델이 되지도 못했을 거예요. 그러면 지금 우리가 듣는 '하바네라' 같은 아리아도 나오지 못했겠죠. 사랑은 자유로운 새 같다고, 규칙이라고는 모르는 어린아이와 같은 것이라고 말한 그녀이니까요.

장 그런데 '하바네라'는 그녀가 좋아하던 노래와도 비슷하다면서요? 사실인가요?

백 맞아요. 그녀가 즐겨듣던 에스파냐 작곡가 세바스찬 이라디에르(Sebastian Yradier) 곡 중 하나인 '엘 아레글리토(El arreglito)'의 영향을 받아 하바네라를 작곡했대요. 유튜브에 있으니 지금 한번 들어보세요.

장 정말 비슷한 부분이 많은데요? 이 정도면 표절 아닌가요?

백 표절이라는 개념이 당시에는 없었을 거예요. 더욱이 이 노래는 민요에 가까운 곡이라 차용하는 데 별 문제 없지 않았을까요? 귀에 박히는 선율과 리듬감 있는 박자라 사람들이 좋아했을 테고요. 다만 내용이 통속적이라 오페라에 등장시킬 때는 비제가 고민을 좀 했을 것 같긴 합니다.

장 비제가 셀레스트를 정말 사랑했나 봐요. 그녀가 사랑하는 음악을 오페라에 넣을 생각까지 한 걸 보면요.

백 셀레스트가 쓴 회고록의 몇 부분이 '하바네라'의 중심 내용이기도 해요. '결국 아무것도 요구하지 않는 남자에게 가장 많은 것을 준다' "네"라고만 하는 사람은 "아니오"라고 해서 얻는 것의 즐거움을 맛볼 수 없다' 같은 내용이죠. 셀레스트는 정말 연애 박사였던 것 같아요.

장 그러니까 14세 연하남도 한번에 넘어올 수 있었겠죠. 대담하고 똑똑하고 열정적이기까지! 카르멘에 딱 어울리는 뮤즈네요.

장 카르멘은 공장 여직공이죠. 담배 공장에서 일해요. 제가 아바나 담배 공장에 가봤는데, 정말 땀을 뻘뻘 흘리면서 담배를 말더라고요. 카리브해의 더위 속에서 담배 공장처럼 사람들이 다닥다닥 붙어 일하는 곳은 직공들 일하기가 정말 힘들었을 것 같아요.

백 옛날엔 아바나에서 시가를 말 때는 아가씨들이 허벅지 위에 담뱃잎을 편 뒤 그 위에 가루를 놓고 김밥 말 듯 도로록 말았다고 하더라고요. 근데 이걸 세비야로 가져와서는 얌전히 책상 위에서 말았단 말이죠. 그런데도 오페라에 등장하는 여직공들의 복장은 아바나 담배 공장 아가씨들 복장이에요. 작가 메리메도 원작 소설에서 직공들을 상당히 외설적인 모습의 아가씨들로 그렸죠.

장 일단 메리메로서는 이국적인 모양새로 인기를 끌 만한 소설을 써야 했으니까요. 얌전한 스페인 직공 모습보다는 흥미를 끌 수 있는 아바나 담배 직공의 모습이 소설 《카르멘》에 더 어울린다 생각했을 것 같아요.

백 그러고 보니 어깨를 드러내고 땀에 젖은 허벅지에 담배 마는 카르멘이 책상 위에서 얌전하게 담배 마는 세비야의 세뇨리타(여인)보다는 훨씬 오페라 성격에 맞고 흥미롭긴 하네요. 고증이 틀리긴 했지만요.

장 어째서 카르멘은 이토록 오랫동안 오페라 역사상 가장 매
력적인 여주인공으로 살아남았을까요?
메리메의 원작을 보면 카르멘이 전형적인 미인도 아니었
는데 말이죠. 원작에 묘사된 카르멘은 길고 구불거리는 검
은 머리에 고양이 눈 같기도 한 사시의 눈을 가진 구릿빛
피부의 여인이에요. 호세는 이 여인의 첫인상이 무섭기까
지 했다고 해요.

백 하긴 정형에서 벗어난 게 더 매력적으로 다가올 수 있죠.
한쪽 입술 위에만 일부러 찍던 애교점, 원 숄더 드레스….
이런 비대칭적인 아이템들이 늘 기존보다 한 단계 앞선 패
션으로 부각되던 것도 이런 이유겠죠.

장 그렇네요. 카르멘은 지금까지 보아왔던 정형적인 미인형
주인공이 아닌 개성 있는 주인공이죠. 오페라 역사상 거
의 처음으로 자유를 갈구했던 독립적인 여성이기도 하고
요. 현대에는 이런 여성이 매력적이지만 당시엔 그렇지 않
았어요. 순종적이고 온순한 여인들이 빛나던 시대였죠. 여
자는 그저 집에서 가정을 잘 돌보고 남편을 보필하는 일이
제일이던 시절에 '자유가 아니면 죽음을 달라'던 카르멘의
모습은 많은 사람들에게 어쩌면 위협으로 다가왔을 거예
요. 설사, 위협적이라 할지라도 남성들에게는 굉장히 호기
심을 자극하는 캐릭터이기도 하지요. 다른 지고지순한 오

페라 여주인공들과는 달리 길들일 수 없는 새와 같고, 규칙 없는 집시 아이 같은 여인. 원하면 도망가고, 잊으려 하면 어느새 옆에 와 있는 그런 막무가내 사랑이라니. 위협적이라 할지라도 알고 보면 새롭고 매력적이에요.

백 그때나 지금이나 손에 잡힐 듯 잡히지 않는 사람이 훨씬 더 매력적으로 느껴지나 봅니다. 아무래도 저는 이 아리아를 무대에서 제일 많이 부르는데요. 아무리 인물이 매력적이라도 개인적으로 이런 이성과 평생을 함께하기엔 좀 피곤할 것 같아요. 규칙도 없고, 불러도 곁에 안 오고, 잊을 만하면 나타나다니요.

IV

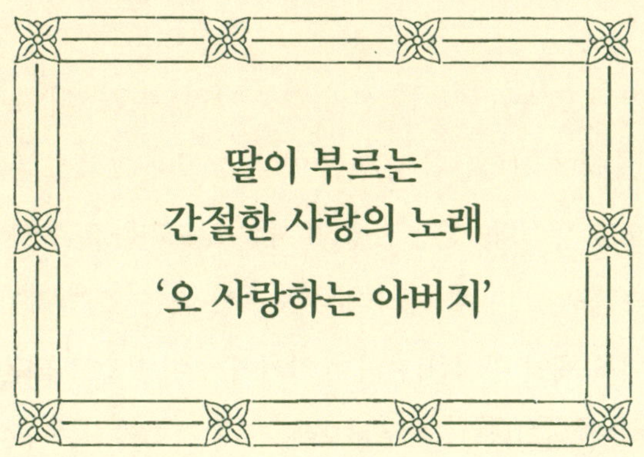

작품	잔니 스키키	Gianni Schicchi
작곡	자코모 푸치니	Giacomo Puccini, 1858~1924
아리아	오 사랑하는 아버지	O mio babbino caro

피렌체의 부호 부오조 어르신의 임종 자리. 부오조의 재산을 호시탐탐 노리던 친척들이 모두 모였다. 그러나 그의 모든 재산이 수도원으로 상속되었다는 소문이 사실로 드러나고, 유산을 기대하던 친척들은 절망에 빠진다. 부오조의 젊은 조카 리누치오는 피렌체에서 제일 영리한 잔니 스키키에게 이 사건을 의논하자고 친척들에게 제의한다. 리누치오는 잔니 스키키의 아름다운 딸 라우레타와 사랑에 빠졌지만, 친척들의 반대로 사랑을 이루지 못하고 있다. 친척들은 하는 수 없이 잔니 스키키를 부른다. 여전히 라우레타가 가난하다며 무시하는 터라 감정이 상한 잔니 스키키는 딸을 데리고 자리를 떠나려 한다. 라우레타는 유명한 아리아 '오 사랑하는 아버지'를 부르며 화난 아버지의 마음을 돌려놓으려고 노력한다. 딸의 노래를 듣고 마음을 바꾼 잔니 스키키는 죽은 부오조로 위장해 공증인을 부른다. 부오조의 목소리를 흉내내며 유언장을 고쳐 모든 중요한 재산을 자기 앞으로 돌려놓은 잔니 스키키. 이제 합법적으로 부오조의 저택 주인이 된 그는 탐욕스러운 친척들을 집에서 내쫓고, 라우레타와 리누치오는 행복한 사랑의 결실을 맺게 된다.

오 사랑하는 아버지

지방에서 피렌체로 올라온 가난한 잔니 스키키의 딸 라우레타. 부호의 조카 리누치오와 사랑에 빠지지만 그의 친척들은 지참금을 가져오라며 으름장을 놓는다. 자존심이 상한 잔니 스키키는 이 수전노의 소굴에서 떠나자고 라우레타에게 소리를 지른다. 리누치오와의 사랑이 깨질까 두려운 라우레타는 사랑스러우면서도 강경한 태도의 노래를 불러 아버지 잔니 스키키의 마음을 돌리려 한다.

오 나의 사랑스러운 아버지 나는 그를 정말 사랑해요.

그는 정말 훌륭한 사람이에요.

포르타 로사에 가서 우리 결혼반지를 사고 싶어요.

우리의 사랑이 아무것도 아닌 것이 된다면

저는 베키오 다리로 달려가

아르노강에 이 한 몸을 던지겠어요.

아버지 저는 정말 죽을 만큼 괴로워요.

제발 아버지! 제발!

잔니 스키키와 단테의 신곡

장   잔니 스키키가 실존 인물이라면서요?

백   맞아요. 본명은 잔니 스키키 데 카발칸티(Gianni Schicchi de Cavalcanti), 13세기 이탈리아의 기사였죠. 부호였던 부오조 도나티의 재산을 가로채려고 유언장을 조작한 인물이에요. 단테의 《신곡》 30편에 '유언장을 위조한 죄로 지옥에 떨어진 피렌체 사람'으로 등장하죠. 원작에서는 잔니 스키키의 딸을 사랑하는 리누치오가 부탁해 도나티 집에 찾아온 것으로 되어 있어요. 하지만 실제 사건에서는 부오조의 조카였던 시모네가 아저씨의 재산을 가로채기 위해 잔니 스키키를 고용했다고 합니다. 잔니 스키키는 부오조의 시체 옆으로 기어들어가 그의 목소리를 흉내 내 재산의 대부분을 시모네에게 넘겼다는군요. 그리고 오페라에 '노새'로 등장하는 당시 토스카나에서 가장 값나가는 암말 1마리를 자기에게 남겨달라고 이야기했대요.

장   시체 옆에서 죽은 사람 목소리로 사기를 치다니. 그래도 역사 속 잔니 스키키는 오페라 속 잔니 스키키보다 훨씬 양심적이군요. 어쩌면 오페라에서처럼 거의 모든 알짜배기 재산을 자신에게 상속할 수도 있었는데 말이죠?

백   에이, 그건 오페라나 영화에서 가능한 일이고요. 아무리 간

큰 스키키이지만 '아이고 이거 잘못되는 날에는 오른손이 잘린 채 추방당할 수도 있겠는걸?'이라고 생각하지 않았을까요?

장 그것도 그렇네요. 게다가 조카 시모네란 자가 이런 악독하고 주도면밀한 계획을 실행할 정도의 인물이라면, 밤길 조심해야겠다는 생각이 절로 들 것 같아요, 하하. 시모네에게 이 정도 큰일을 해주었다면 잔니 스키키도 그에게 한 재산 두둑하게 챙겼겠죠?

백 글쎄요, 이 뒷이야기는 상세하게 전해지지 않아요. 사실 단테의 처가 이 도나티 가문의 딸이었거든요. 단테가 처가에 물의를 일으킨 잔니 스키키를 자신의 지옥에 빠뜨려 벌 준 꼴이에요. 하지만 친척인 시모네 도나티의 만행까지 다 밝혀내면 죽을 때까지 처가에게 욕을 먹을지 모르니까 대충 넘어갔다는 설도 있어요. 단테도 처가 덕을 상당히 보며 살았던 사람이니까요.

장 잔니 스키키가 단테의 작품에 뜬금없이 등장한 것이 아니군요? 단테 처가에 물의를 일으킨 인물이라. 그래도 처가 친척의 이야기가 작품을 타고 온 동네에 소문나면 곤란하니 시모네 도나티를 보호하느라 별 이야기도 없이 지나갔나 봅니다.

백 700년 가까이 지난 지금, 지구 반대편에서도 부오조 아저씨의 유언장 위조를 알고 있는 거니까요, 하하. 노력을 어떻게 했는지 모르지만 그대로 탄로가 나긴 한 거죠. 잔니 스키키와 부오조의 조카 시모네가 얼마만큼 부자가 되었는지는 정확히 알려진 바 없어요. 하지만 잔니 스키키는 무려 '노벨 연구소 선정 최고의 책'이 된 단테의 《신곡》에 이름을 박제 당했잖아요? 이렇게 탄로 났으니 시모네도 무사할 리는 없었겠죠. 수백 년 동안 그들 이름 위로 불명예가 남았는데, 아무리 돈이 많아진다 해도 저라면 이런 못된 시도는 안 할 것 같아요.

장 예전에 《신곡》을 읽다가 지옥 편에서 난데없이 잔니 스키키 이름이 튀어나오는 바람에 깜짝 놀랐어요. 동명이인인가? 어떻게 오페라 이름이 단테의 《신곡》 중간에 등장하지? 게다가 지옥에서의 잔니 스키키를 설명하는 그림들이 상당히 그로테스크했거든요. 특히 프랑스 화가 윌리앙아돌프 부그로(William-Adolphe Bouguereau)의 작품에 등장하는 잔니 스키키는 오페라에 등장한 귀여운 영감님이 아니었어요. 빨간 머리를 하고 다른 이의 목을 물어뜯는 무서운 도깨비였거든요. 단테 원작에 보면 잔니 스키키는 제8지옥의 광인 중 하나로 나와요. 옆 사람을 물어뜯어 바위 골짜기로 끌고 가는 악마 같은 모습이에요. 빨간 머리는 상징적으로 이교도나 악마를 나타내죠.

백 단테의 지옥이 9지옥까지 밖에 없는데, 잔니 스키키가 8지옥에 있다니 심각한데요.

장 8지옥도는 10개의 단계로 나뉘는데, 잔니 스키키는 가장
   아래층인 10번째 단계에 있어요. 성경 구약에서 요셉을 유
   혹했던 보디발의 아내, 연금술사, 사기꾼, 화폐 위조범 등
   이 함께 들어있죠. 기독교 사회에서 큰 죄인이었던 이단
   종교인, 폭력 범죄인 등은 오히려 위층에 있는데, 잔니 스
   키키는 그 사람들보다 훨씬 아래층에서 더 고통스러운 형
   벌을 받는 모습이 보여요. 아니 그런데, 문서 위조나 화폐
   위조는 소위 화이트 컬러 범죄 아닌가? 현대사회에서는
   오히려 폭력범, 살인범보다 더 경하게 치는 죄인 것 같은
   데 왜 지옥 끄트머리에 있는지 이유를 모르겠네요.

백 당시 이탈리아의 여러 도시들은 지중해 한가운데 위치한
   지리적인 이점을 발판 삼아 무역으로 막대한 재산을 불리
   기 시작해요. 이 도시들의 중심에는 피렌체가 있었죠. 피렌
   체 사람들은 무역으로 벌어들인 돈을 이용해 그들의 자치
   권을 사들여요. 영주들과 교황의 영향력에서 벗어난 거죠.
   피렌체는 막강한 권력과 재력을 지닌 메디치 가문까지 등
   장해 르네상스 문예 부흥의 중심지로 발전하게 됩니다. 문
   화든 자유든 돈으로 다 해결할 수 있는 환경이 갖추어진
   거예요.
   13세기 당시 피렌체에서 인기를 끌었던 책이 《상업에 대
   한 조언》이에요. 이 책에 '가난한 사람과 사귀지 말아라. 왜
   냐하면 그들에게 기대할 수 있는 것이 아무것도 없으니까'

라는 황당한 대목이 나와요. 지금이 물질 만능 시대라고 하면 피렌체는 당시 물질 만능 도시였던 거죠. 그래서 리누치오의 친척 아주머니 치타가 아주 당당하게 '지참금 없는 며느리는 들일 수 없다'라고 이야기하는 거예요. 13세기 피렌체에서 가장 중요한 것은 바로 돈이었어요. 잔니 스키키는 피렌체에서 가장 중요하게 다루었던 돈을 빼돌린 사람이고요. 그래도 지옥은 피렌체와 엄연히 다른 곳인데, 어찌 피렌체에서나 '가장' 중요하게 여긴 '돈'의 경중을 지옥에 반영했을까요? 거참….

장 피렌체의 제1시민 단테가 썼으니 할 수 없죠. 특히 우리 가족에게 돌아올 재산을 빼돌린 잔니 스키키는 대역 죄인이나 다름없었을 거고요. 단테는 오랜 기간에 걸쳐 이 대작을 써내려가며 여러 인물을 자신만의 지옥에 배치했을 거예요. 그러니 단테의 가장 나쁜 기억 속에서 늘 머리를 삐죽 내밀고 있는 '잔니 스키키'를 못 본 척하고 넘어갈 수 있었겠어요? 저 같으면 일단 잔니 스키키부터 저 밑에 가둬 놓고 '지옥 인물 배치'를 시작했을 듯한데요?

백 그런데 태생이 사기꾼이라 사기를 꼭 쳐야겠다면 단테 같은 불멸의 작가와 얽히든지 아니면 아주 유명한 화가나 작곡가들과 얽혀야 할 것 같아요.

장 아니, 그건 또 왜죠?

백 단테의 지옥에서야 아주 끔찍한 모습이었지만 이를 또 흥미있게 바라본 푸치니 같은 작곡가도 있잖아요? 결국 그 덕에 푸치니의 명작 속에서 유명한 캐릭터로 재탄생했고요. 이왕 지옥에 떨어질 거라면 이름 정도는 남겨야 억울하지 않을 것 같아요.

장 맙소사. 저는 이름 안 남아도 좋으니 저런 지옥에는 절대 안 떨어졌으면 좋겠습니다, 하하. 오페라 주인공은 됐고 그냥 착하게 살자!

푸치니의 유일한 희극, 〈잔니 스키키〉

백 푸치니가 유년 시절에 벌인 장난들을 보며 무척 장난꾸러기가 아니었을까 생각했어요. 성당 오르간 파이프를 떼다 팔지를 않나, 친구와 똑같은 사이즈의 인형을 가져다가 친구 옷을 입혀서 목을 매달지를 않나…. 경찰서까지 들락날락할 정도로 유난히도 장난이 짓궂었어요. 야단 맞으면서도 아랑곳하지 않고 자기 하고 싶은 일에만 매달리던, 요샛말로 하면 '회복 탄력성이 뛰어난 사람'이라고 해야 하나요, '정신 승리'라고 해야 하나요. 아무튼 기발한 장난을 많이 쳐서 꽤 유쾌한 사람일 것 같은데, 그의 작품을 쭉 살펴보면 고개를 갸우뚱하게 됩니다. 비극 일색이라서요.

장 그렇네요. 한번도 푸치니 오페라를 심각하게 분류해본 적은 없었군요. 사실 〈나비부인〉이나 〈토스카〉, 〈마농 레스코〉 같은 작품을 접하다 보면 그가 희극을 만들 거라고 상상하긴 어렵죠. 가슴 저리도록 슬프고 고통스러운 장면을 기가 막히게 잘 표현하는 작곡가라 그쪽으로만 관심을 둬서 그런가 푸치니에게 희극까지 바라는 것은 욕심이란 생각도 잠시 드네요.

백 그런데 또 푸치니가 희극을 쓰면 남달리 리드미컬한 풍자랄까요? 상당히 메마른 유머인데 보는 사람으로 하여금

배꼽을 잡게 하는 천재성이 보여서, 희극이 단 한 작품뿐
이라는 게 안타깝기도 해요. 작품 길이가 좀 더 길었어도
좋았을 걸 하는 마음도 들고요. 이 오페라는 왜 이렇게 짧
은 걸까요?

장　이 작품은 원래 세 오페라 묶음 중 한 작품이잖아요? 단테
의 《신곡》에서 영향을 받아 지옥, 연옥, 천국을 염두에 두
고, 죽음을 공통점으로 짧은 작품 3개를 모아 발표한 거죠.
그래서 〈외투〉, 〈수녀 안젤리카〉, 〈잔니 스키키〉 이 순서로
한 번에 세 작품을 공연하게 돼요. 오페라 하나가 다른 오
페라 한 막 정도의 분량인 거죠. 그리고 3막 형식의 세 오
페라 묶음을 〈일 트리티코〉라고 이름 붙였죠. 천국이 등장
하는 밝은 분위기의 오페라가 필수라 아마 푸치니가 마음
먹고 썼을 거예요.

백　트리티코라면 성당 삼면화를 일컫는 트립틱(Triptych) 같은
건가요?

장　맞아요. 3부작이라는 뜻이죠. 한 작품이긴 하되 구획이 세
부분으로 나누어진 걸 말해요.

백　큰 제목부터 3부작이라서 각각의 오페라에서 3이 중요한
숫자로 부각되나 봐요. 〈외투〉에서는 세 남녀의 삼각관계,
〈수녀 안젤리카〉에서는 안젤리카 수녀와 성모 마리아, 아
기. 〈잔니 스키키〉에서 가장 중요한 인물들은 잔니 스키키
와 딸 라우레타, 그녀의 애인 리누치오이니까요. 그러고 보

면 푸치니는 생각했던 것보다 훨씬 계획적이고 주도면밀
한 사람이었을지도 모르겠군요. 그나저나 지옥에서 온 잔
니 스키키가 푸치니 오페라에서는 천국 편에 등장하다니
그것 참 아이러니하네요.

장　푸치니가 그런 반전을 통해 남기고 싶은 이야기가 있는 거
겠죠. 푸치니는 주도면밀하지만 소위 풍류는 즐길 줄 알았
던 인기남이었어요. 그런 그의 성격이 이런 희극도 잘 써
내도록 도와주지 않았나 싶어요. 희극이 한 작품밖에 없어
안타깝긴 합니다만 길지 않은 이 오페라에서 그는 아주 인
상 깊은 코미디를 보여줍니다.

백　이견이 있을지도 모르겠는데요, 저는 아무리 생각해도 첫
장면이 가장 재미있었어요.

장　친척들이 모여서 망자를 위해 곡하는 장면 말씀이세요?

백　네, 바로 그 장면이요! 정말 특이한 게 친척들이 다 울상을
하고 부오조 아저씨 침대 주위에 모여서 함께 약속이나 한
듯 외치잖아요. "불쌍한 부오조(Povero buoso)!" 그런데 말만
그렇지 반주로 깔리는 음악은 경쾌하달까요, 희망차달까
요? 게다가 상갓집에서 단조가 아닌 장조의 음악이 발랄
하게 배경음으로 깔리거든요. 그 위에 친척들이 한마디씩
"포오-베로 부오-조!" 하는 장면이 그렇게 웃기고 어떻게
보면 귀엽기도 하고요. 얼굴 표정과 대사는 돌아가신 부오
조 아저씨를 애도하는 척 보이지만 마음은 사실 3박자로

된 춤곡처럼 신이 난 거죠. '야호! 부오조 아저씨의 유산이 드디어 내 손에! 너무 기대된다!' 이런 마음이 한데 모여 극장 전체에 흘러넘치는 것 같다니까요.

장 돈밖에 모르는 피렌체 사람들 같으니, 하하. 푸치니가 친척들의 들뜬 마음을 잘 읽어냈군요. 그래도 아저씨 시신 앞에서 3박자 춤곡이라니 너무했네요. 나중에 잔니 스키키가 공증인 앞에서 부오조인 척하며 유산 나누는 장면도 재미있더라고요. 그 부분쯤이면 친척들이 '유언장 위조 사건을 어디서 이야기라도 했다간 우리 모두 오른손이 잘린 채 추방당할 것'이라고 단단히 이야기 들은 뒤예요. 계속해서 잔니 스키키가 자신에게 알짜배기 재산을 상속하니 친척들이 으르렁대며 그에게 덤벼들죠. 그럼 잔니 스키키는 마치 드라큘라에게 성수라도 뿌리듯 빈 소매 끝을 마구 친척들에게 흔들어대요. 그럼 또 친척들은 겁을 먹고 얌전해지고. 이런 장면들을 보면 그제서야 푸치니 어린 시절이 이랬겠구나 하는 생각이 들기도 합니다. 다른 곳도 아니고 겁도 없이 성당 오르간을 조각내 팔던 푸치니. 그 돈으로 담배 사서 신나게 물고 다니던 소년 푸치니. 친구들과 극장 개구멍으로 몰래 들어가서 오페라를 훔쳐보기도 하고요. 개구쟁이 같은 잔니 스키키의 모습이 영리하고 발랄했던 소년 푸치니와 닮아 있는 게 아닐까요?

백 사람들 마음에는 다 어린아이가 살고 있다고 하잖아요. 푸

치니 마음속 어린이가 자주 나와주었으면 좋았을 텐데. 그
랬다면 21세기 오페라 팬들이 푸치니의 오페라에 감동만
받는 것이 아니라 동심의 푸치니와 함께 한참 웃을 수 있
었을 텐데요.

장 주목받기 시작한 푸치니의 오페라들이 전부 비극들이잖
아요? 성공의 정점을 향해 달려가던 중에 사람들에게 사
랑받던 작품 스타일을 내려놓기는 힘들었겠죠. 그가 폐암
에 걸리지만 않았다면… 뒤늦게라도 희극을 좀 더 쓸 수 있
었을 텐데요. 포베로 푸치니(불쌍한 푸치니)!

아름다운 선율, 그러나 가사는

장 어버이날 라디오 방송국에 이 아리아가 종종 신청곡으로
들어와요.

백 하하하. 제목만 보고 다들 신청하나 봐요.

장 제목이 '오 사랑하는 아버지'이니까 심청이 같은 딸이 아버
지를 향해 효심을 발동해서 부르는 노래라고 생각하는 것
같아요. 이 아리아를 한 줄로 압축하면 "사랑하는 아빠, 자
꾸 결혼 반대하시는데 계속 그러면 강물에 콱 가서 빠져
죽을 테야"거든요. 어버이날 신청곡으로 틀기엔 좀 힘든
가사예요.

백 그래도 선율이 너무 아름답잖아요. 아마 영화 음악, 드라
마, CF에 가장 많이 등장한 아리아가 아닐까 싶어요. 저는
심지어 남자 성악가가 부르는 버전도 들어본 적 있는데,
나쁘지 않더라고요. 선율이 워낙 아름다워 어색하지 않았
어요. 이러니 가사에 대해선 상상도 못 하는 거죠.

장 영화 얘길 하니 〈전망 좋은 방〉이 생각나네요. 영화 도입
부분에 이 아리아가 나오거든요. 이미 영화 시작부터 복선
을 깔았던 거죠. 영화 초반부터 남녀 주인공 루시(헬레나 본
햄 카터)와 조지(줄리언 샌즈)가 만나는 장면까지 이 아리아
가 쭉 이어지는데, 둘은 처음엔 별 감정이 없다가 영화가

진행되는 동안 사랑에 빠져요. 루시는 열정적인 본성을 가졌지만 당시 문화와 관습에 눌려 본인이 그런 성격인지도 모르는 얌전한 영국 아가씨. 조지는 그야말로 자유로운 영혼의 소유자. 루시는 〈잔니 스키키〉의 무대인 피렌체에서 조지를 만나고, 점차 자기 자신을 찾게 돼요. 둘이 첫 키스를 하는 장면에서는 푸치니의 또 다른 오페라 〈라 론디네〉에 등장하는 아리아가 흘러나오죠. 감독이 푸치니의 진짜 팬이라고 느낀 순간이었다니까요.

백 아리아 '도레타의 꿈'이 등장하는군요. 주인공의 보수적이고 안락했던 일상을 송두리째 흔드는 키스의 백그라운드 음악으로 잘 쓴 것 같아요.

도레타의 아름다운 꿈을 누가 알 수 있을까?

이런! 어느 날 한 학생이 그녀의 입술에 키스했네.

그리고 이 키스는 지독한 중독과도 같았지.

누가 이런 열렬한 키스의

부드러운 어루만짐을 말로 표현할 수 있을까.

아아 나의 꿈이여 행복이여,

나의 마지막 사랑의 행복을 이룰 수만 있다면

세상의 무엇이 아까울까?

장 루시의 약혼자로 나왔던 배우 다니엘 데이 루이스도 생각나네요. 조지와 대척점에서 그야말로 꼰대 신사처럼 절대 아무 선도 넘지 않는 바른 생활 사나이. 이런 고지식한 신사와 결혼하겠다는 열정적인 성격의 루시에게 조지는 이야기해요. "이건 우리의 마지막 기회일지도 몰라요. 세상을 살면서 자신과 맞는 짝을 찾았다면, 그것이 얼마나 큰 행운인지 알기나 해요?" 결국 루시는 얌전한 약혼자와의 결혼을 포기하고, 자신이 만나게 된 천생연분 조지와 결혼해 피렌체로 신혼여행을 떠나요.

백 피렌체 두오모를 배경으로 창문에 앉아 키스하는 두 배우의 아름다운 모습이 기억나네요. 영화 시작처럼 마지막 두 사람이 맺어지는 장면에서도 '오 사랑하는 아버지'가 흘러나오죠.

장 잔니 스키키의 딸 라우레타는 이 영화에 등장하는 루시와 닮았어요. 아버지가 반대하는 남자라고 해도 결혼에 대한 확신이 있으면 밀고 나가는 열정이 있는 아가씨. 그럼에도 불구하고 고약한 상황에서 부드러운 선율과 같은 태도로 아버지에게 어르듯 간청할 수 있는 온유함의 소유자. 영화 주인공 루시는 아르노강에 몸을 던지겠다고 아버지를 위협하는 불효를 저지르지는 않았지만요.

백 가사를 단순하게 해석하면 라우레타를 '천하의 불효녀'라고 생각할지 몰라요. 하지만 사실 조금만 더 들여다보면 부녀 사이가 좋으니까 이런 이야기도 숨김없이 할 수 있는 거란 생각도 들었습니다. 오페라 〈운명의 힘〉이나 〈로미오와 줄리엣〉의 주인공들처럼 소위 '사고'를 치지 않고 말이죠. 착한 라우레타는 화난 아버지를 달래며 조심스럽게 그리고 이 아리아의 부드러운 선율 같기도 한 아름다운 목소리로 "아버지 자꾸 반대하지 말아주세요. 저는 그이를 정말 사랑해요. 정말 결혼하고 싶어요"라고 간곡하게 얘기하는 거잖아요. 라우레타가 못된 딸이라곤 여겨지지 않아요. 어려운 상황에서도 부모와 대화를 시도하는 어른스러운 딸? 조금만 생각을 바꾸면 어버이날에도 뭐 나쁘지 않은 선택이라고 봅니다.

장 하하. 그렇다면 캐릭터를 이해해주는 마음으로 어버이날 선곡해 방송해도 괜찮을 것 같네요. 이제부터는 효녀 라우레타라고 불러야겠습니다.

V

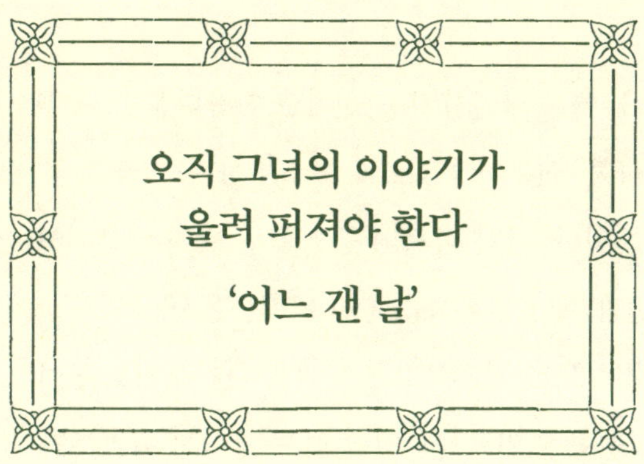

작품	나비부인	Madama Butterly
작곡	자코모 푸치니	Giacomo Puccini, 1858~1924
아리아	어느 갠 날	Un bel di

20세기 초 일본 나가사키. 순진하고 아름다운 소녀 게이샤 나비부인은 가족 몰래 기독교로 개종까지 하며, 미국 해군 장교 핑커튼과 결혼한다. 반면 잠시의 즐거움을 위해 일본에서 장난처럼 나비부인과 계약 결혼식을 올린 핑커튼은 미국으로 돌아가 미국 여성과 정식으로 결혼하고 3년 넘게 나가사키로 돌아오지 않는다. 개종과 함께 가족들과의 인연도 끊어진 나비부인. 핑커튼이 남기고 간 돈도 떨어져가고 중매를 계속 권하는 고로와 그녀를 짝사랑하는 야마도리 왕자의 귀찮은 구애 속에서 힘들게 살아가고 있다. 남편 핑커튼을 애타게 기다리던 그녀는 그를 꼭 닮은 아들을 낳아 키우고 있다. 아이가 있다는 소식을 나중에야 듣고 부인 케이트와 나가사키로 돌아온 핑커튼. 케이트는 나비부인에게 핑커튼의 아이를 잘 키울 테니 넘겨달라 부탁한다. 슬픔에 싸인 나비부인은 명예를 지키려 자결한 아버지와 같은 모습으로 목숨을 끊으며 오페라의 막이 내린다.

어느 갠 날

하녀 스즈키는 나비부인에게 '외국인 남편이 본국으로 갔다가 돌아왔다는 이야기는 들어본 적이 없다'라며 현실을 직시하라고 권유한다. 하지만 나비부인은 핑커튼에 대한 믿음을 져버리지 않고 그가 다시 돌아오는 모습을 그림 그리듯 노래한다. 당장은 힘들지만 사랑하는 남편을 꿋꿋하게 기다리겠다는 결심을 다지며 부르는 아리아다.

맑게 갠 어느 날
저 푸른 바다 위에 한 줄기 하얀 연기가 떠오를 거야.
커다란 흰 빛깔의 배가 항구에 들어오면서 예포를 울리면
저쪽을 봐! 그이가 오는 게 보일 거라고!

하지만 난 달려 나가지 않겠어.
작은 언덕에 올라가서 그이를 기다리고 또 기다릴 거야.
복잡한 도시를 거쳐 바쁘게 달려오는 그이를

멀찍이서 바라볼 거야.

그가 이 언덕에 다다르면 뭐라고 외칠까?

나를 찾느라 "버터플라이!"라고 외치겠지.

하지만 난 대답하지 않을래.

벅찬 기쁨이 지나쳐 죽을지도 모르니까.

그는 한참이나 나를 찾아 헤매겠지.

나를 '어린 아내여' '오렌지꽃이여' 하고 부르던 그가

온갖 별칭을 다 부르며 나를 찾겠지.

그런 날이 이제 곧 올 거야.

올 거라는 믿음을 간직하고

난 그날을 기다리고 있는 거야.

푸치니의 나비부인 사랑

장 　푸치니의 나비부인에 대한 애정은 사실 사랑 정도가 아니
　　라 집착이었죠. 나비부인 작곡을 좀 더 일찍 시작하려고
　　안개 자욱한 밤에 운전하다가 도랑에 차를 처박지 않나…
　　아니, 아침에 가서 천천히 하면 될 일을 굳이 안개 가득한
　　밤에 과속까지 할 일인가요?

백 　그러니까요. 그리곤 혼수 상태에서 일어나 한 첫 마디가
　　"불쌍한 나비부인, 불쌍한 나비부인"이었다죠. 이 대사가
　　나중에 하녀 스즈키 대사로 등장하기도 해요.
　　핑커튼이 탄 배가 드디어 나가사키 항구에 정박하죠. 나비
　　부인은 금방 집으로 달려올 것 같았던 핑커튼을 밤새도록
　　기다려요. 해가 뜨고서야 잠든 아이를 데리고 들어가는 나
　　비부인 뒷모습에 스즈키가 "Povera Butterfly(불쌍한 나비부
　　인)"이라고 딱 두 번 반복해서 노래하는 장면이 있어요.

장 　푸치니가 구입했던 요트에도 이름을 '초초'라고 지었다잖
　　아요. 3년이나 돌아오지 않던 남편에게 집착하는 나비부
　　인의 마음을 음악으로 구축한 사람이 바로 푸치니예요. 어
　　쩌면 사랑하는 대상에게 집착하는 심리 상태가 전이되어
　　되려 푸치니가 나비부인에게 집착하게 된 것일 수도 있어
　　요. 나비부인은 딱 푸치니가 좋아하던 여성상이기도 하고

요. 밝고 순진하고 불쌍한(?) 그런 여자에게 푸치니는 늘 끌렸죠. 제가 나비부인 옆에 있었으면 "이 불쌍한 것아, 정신 차려! 저 녀석은 이미 다른 여자하고 본토에서 결혼했다고!" 외쳤을지도 몰라요. 반면 푸치니가 오페라 안에 들어갈 수만 있었다면 "불쌍하고 아름다운 나비부인… 이 오빠가 책임질게. 저 미국 군인은 잊어!" 하며 손목을 끌고 나왔을지도 모르겠는데요. 후에 푸치니는 나비부인을 연기했던 일본인 소프라노 미우라 타마키(三浦環)를 집으로 초대해 6개월이나 같이 살면서 나비부인을 코칭했어요. 진짜 부인 엘비라는 속이 많이 터졌을 거예요. 자기 역시 처음엔 푸치니 친구 부인으로 이어진 인연이니까 그런 불륜이 다시 벌어질 가능성이 있다는 건 엘비라 본인이 누구보다도 더 잘 알았겠죠. 한참 동양의 아름다움에 빠져 있는 푸치니와 일본에서 온 젊은 소프라노라니. 이미 19세기 초중반부터 유럽에서 자포니즘❀은 미술이나 패션, 음악에 많은 영향을 미쳤어요. 유럽의 점잖던 일상에 동양의 대담한 낯섦은 상쾌한 바람으로 다가왔죠.

백　누가 세상에서 제일 예쁜 여자는 오늘 처음 본 여자라고 하더라고요. 자기와는 상당히 다르고 (동양 여인이니 말 다했죠) 젊은 (적어도 엘비라보다는) 소프라노가 온종일 바람기 많

은 남편 옆에서 노래한다고? 남편이 애정하는 오페라 캐
릭터가 남편이 직접 작곡한 노래를? 저 같으면 연습실 문
짝 다 떼고 살았을 듯한데요.

장 하하하. 연습실 문짝을 떼면 그 고음 많은 아리아를 반복하
여 듣다가 머리가 어떻게 되지 않을까요? 미우라 타마키
사진을 본 적 있는데, 개인적인 취향일지는 모르지만 그렇
게 대단한 미인은 아니었어요. 그래서 스캔들이 없었나?

백 왜요? 저는 얼굴 보자마자 미드 〈그레이 아나토미〉에 나오
는 산드라 오를 닮았다고 생각했는 걸요.

장 백재은 선생님은 세상에 안 예쁜 사람은 없다고 하시는
분이니 넘어갈게요. 푸치니에게 직접 코칭 받은 일본인 나
비부인이니 당시에 유럽에서도 러브콜이 많았다네요. 죽
을 때까지 나비부인을 무려 2천 번이나 불렀다고 하니까
요. 그녀의 목소리가 나비부인에 그다지 어울렸을 것 같지
는 않아요. 목소리에 대한 평은 '어딘가 얇으면서도 받쳐지
지 않은 듯하다. 굳이 말하자면 작고 하얗다'였으니 말이
죠. 그래서 푸치니가 더 열심히 코칭을 했던 걸까요?

백 2시간 30분짜리 오페라에 6개월 합숙 코칭이라뇨. 누가
봐도 이상해요. 나비부인에 대한 집착이었을까요? 아니면
미우라 타마키에 대한 집착이었을까요? 하지만 여기서 간
과할 수 없는 건 나비부인이 무대에서 부르는 노래 분량이
에요. 〈라 보엠〉이나 〈토스카〉, 〈투란도트〉 같은 푸치니의

다른 작품에 비해 나비부인이 (아무리 주인공이라고 해도) 오페라에서 불러야 하는 노래의 양은 정말 월등하죠. 거짓말 조금 보태서 오페라 노래의 80퍼센트는 나비부인이 불러내는 게 아닌가 하는 생각이 들어요. 그것도 처음부터 끝까지 고난도의 고음, 저음, 그리고 볼륨도 유지하면서요. 게다가 1막은 소녀처럼, 2막 1장은 어머니처럼, 2막 2장은 결연한 장수처럼 불러내야 하고. 저는 나비부인이야말로 폭이 있는 목소리를 가진 리릭 소프라노의 정점이라고 생각해요. 오히려 투란도트 공주보다 난이도는 훨씬 높을지도 모르겠네요.

장 나비부인에 대한 집착 같은 애정이 오페라에서 분량으로 드러난 거군요. 다른 인물의 생각이나 이야기는 중요하지 않다, 〈나비부인〉에서는 오직 그녀의 이야기가 울려 퍼져야 한다, 사실 케이트나 스즈키도 할 말이 많을 텐데 짧은 아리아 하나 주지 않았죠. 사랑하면 그 사람만 보인다더니 푸치니 마음엔 초초상밖에 없었네요.

백 선생님, 무작정 기다리는 여자 어떤가요? 매력 있나요?

장 초초상. 현실적이지가 못해요. 본국으로 떠난 외국인 남편을 3년이나 기다리다니.

백 3년 넘게 편지 한 통 없던 남자가 다시 올 거라고 애절한 노래를 부르는데, 그것도 너무 구체적이잖아요? 흰 연기를 뿜으며 하얀 전함이 들어오고, 그 사람은 멀리서 올 거고, 나는 여기서 기다릴 거고. 마음속으로 그 상황을 천 번은 돌려보았을 거예요.

장 사실 일본에 잠시 주둔하는 동안 현지 처가 필요해서 고로라는 중매인을 통해 게이샤를 소개받았던 거예요. 연애해서 만난 것도 아니고 지극히 상업적인 방법으로 고른 상대잖아요? 미국 부인 케이트하고는 달랐겠죠. 결혼하기 전에 썸도 타고 데이트도 하고 청혼도 해서 정식으로 결혼했다면, 사실 초초상의 경우는 돈을 주고 산 거나 다름없는 관계였어요. 원작에 보면 초초상이 원해서 결혼식을 올린 거고, 핑커튼은 이 모든 결혼식을 마치 놀이하듯 가볍게 치렀다고 나와요. 이런 관계에서 부탁하지도 않은 개종을 했다거나 물어보지도 않은 아버지 이야기를 너무 심각하게 털어놓는다거나 하면 핑거튼 입장에선 좀 뜨악했을 수도요.

백　저는 '샤플레스 편지 읽는' 장면 중에서 나비부인이 미국 영사 샤플레스에게 "미국에선 울새가 언제 집을 짓나요?" 하고 물어볼 때가 제일 슬펐어요. 핑커튼이 미국으로 떠날 때가 되자 나비부인이 물었겠죠. "여보 그럼 미국 갔다가 언제 오는 거예요?" 핑커튼은 귀찮아서 대충 대답한 것 같아요. "울새가 집 지을 때쯤 돌아와." 그러고는 미국에 가서 케이트랑 결혼하고 3년 넘게 일본으로 돌아오지 않은 거예요. 다른 미국인 남편이 그렇듯 이 녀석도 돌아오지 않는구나 생각을 했으면 그만 기다리고 팔자를 고칠 만도 한데, 나비부인은 묘한 망상과도 같은 집착이 있었나 봐요. '미국 울새는 매년 집을 짓지 않나 보지?' 이렇게 생각했을지도요. 불쌍한 나비부인.

〈나비부인〉 2막 무대에서 스즈키 역을 연기할 때 돈 많은 야마도리가 와서 나비부인에게 사랑을 고백하고 구혼하거든요. 2막을 연기할 때마다 나비부인 등짝을 한 대 치고 야마도리가 타고 온 가마에 얼른 태워서 재가시키고 싶은 마음이 굴뚝같습니다. 그럼 오페라도 빨리 끝나고 해피엔딩이라 산뜻할 텐데….

장　나비부인은 돈 많은 일본 왕자와 결혼하고 핑커튼은 뒤늦은 후회를 하고. K-드라마 같은 엔딩인데요? 결말을 새로 만들어봐도 흥미롭겠습니다, 하하. 푸치니와 20세기 초 유럽인들이 사랑했던 순종적이고 지고지순한 여주인공이 21

세기에 와서는 그 모습을 한번 바꿔봐도 좋겠다는 생각이 들긴 해요. 그럼 복수라도 한 듯 속이 시원할 텐데요.

특이한 건 이런 지고지순한 나비부인을 집착적으로 사랑했던 푸치니는 정작 유럽에서 알아주는 플레이보이였다는 거죠. 10대 소년 시절 한참 연상의 유부녀와 불같은 사랑을 시작하고 스칼라 극장의 발레리나, 은행가 부인, 성악가, 하녀의 사촌 언니 등등 부인 엘비라가 있었음에도 푸치니 주변에는 다양한 여인이 맴돌았죠. 평생 단 한 명의 법적인 부인이었던 엘비라도 사실 아이를 둘이나 둔 푸치니의 친구 부인이었어요. 본래 남편이 죽음을 맞기 전에는 결혼도 못 한 채 살았는데, 그 와중에도 계속 다른 여자들을 만난 거죠. 그런 그의 오페라 속 여주인공들은 모두 지고지순한 사람들이라니. 차라리 푸치니가 카르멘을 작곡했다면 좀 설득력이 있었을 텐데 말이죠.

백 원래 사람은 성격이든 뭐든 딱 정반대 사람에게 끌리는 경향이 있다잖아요. 미국에서 재미있는 실험을 하나 했어요. 대학생 남녀 여럿에게 면 티셔츠를 입고 운동장을 뛰게 했대요. 그러고 나서 땀이 밴 이성의 티셔츠를 각각 남자 여자 방에 바꾸어 놓고 냄새를 맡게 했는데, 자신하고 신체 조건이나 여러 특이점이 정반대인 사람들이 서로의 땀 냄새에 본능적으로 끌리는 모습을 볼 수 있었다는군요. 진화론적으로는 그게 최선의 선택인 거죠. 좀 더 건강한 후손을 얻기 위한다면요. 이 이론이 푸치니에게도 적용된다면 딱 나비부인 같은 여인이 푸치니에게는 매력적일 수 있겠네요. 봄에 온다던 남자가 3년 동안 안 돌아와도 망부석처럼 기다리고, 돈 많은 왕자님이 청혼해도 거들떠보지 않는 여인이라… 아, 왜 제 속이 터지죠?

장 워워, 화내지 마세요. 실제 이야기도 아닌데요, 뭐. 아무튼 유전학적으로 본다면 푸치니는 자기의 바람기와는 정반대 기질을 가진 나비부인을 정말 사랑할 수밖에 없었네요. 과학적이긴 한데 슬프기도 하고, 거참.

참패한 대가의 역작

백 푸치니는 당시 전 유럽에서 알아주는 셀러브리티였어요. 쓰는 작품마다 승승장구했죠. 〈마농 레스코〉, 〈라 보엠〉, 〈토스카〉와 같은 작품들은 유럽을 비롯해 북미까지 진출해서 푸치니에게 많은 부와 명성을 가져다주었어요. 저택, 별장, 요트, 무려 15대의 자가용, 오리 사냥에 유난히 집착해서 최고급 엽총도 많이 가지고 있었대요. 패션도 남달리 신경 써서 온갖 사치품들을 소유하고 있었죠. 이 모든 부와 명성을 가져다준 그의 오페라가 전 세계에서 쉴 새 없이 공연 중이었어요. 당시의 푸치니는 작품에 대한 자신감이 넘쳤죠. 게다가 〈나비부인〉의 소재는 자포니즘에 흠뻑 빠져 있는 유럽인들의 입맛에 딱 맞는 이국적 오페라. 아름다운 선율과 화려한 기모노, 푸치니가 유난히 심혈을 기울여 쓴 아리아와 중창까지 모든 성공의 요소가 한데 뭉친 작품이었어요.

장 원래 방심하고 있을 때 큰 사고 나기 제일 쉬운 법이죠. 〈나비부인〉의 실패는 〈카르멘〉의 그것과 거의 맞먹는 사건이었어요. 초연에서 초초상을 맡은 소프라노가 유명한 지휘자 토스카니니의 애인 로지나 스토르키오(Rosina Storchio)였죠. 유명 유부남 지휘자와 프리마돈나의 사랑은 당시 호사가들의 입방아에 오르기 일쑤였어요. 게다가 〈나비부인〉 초연 당시 스토르키오가 토스카니니의 아이를 임신 중이었다고 해요. 오페라 초반에 스토르키오의 기모노가 바람에 날려 부풀어 오르자 사람들이 소리를 지르기 시작했대요. "스토르키오가 토스카니니의 아이를 임신했다!" 오페라 초반부터 이런 폭로를 당하고 오페라 마지막까지 노래를 잘 불러낼 장사는 없죠. 나비부인 혼자서 끌고 가는 오페라라고 해도 이상할 게 없는 작품인데, 나비부인이 정신적 공황에 빠진 상태에서 오페라가 어떻게 굴러갔을지는 안 봐도 뻔한 일이에요.

백 아무리 그래도 그렇지 임산부한테 공개적으로 망신을 주는 청중은 또 뭔가요?

장 이날 청중이 한 야유는 그것뿐이 아니었어요. 2막 2장에서 아침이 밝아오는 새소리가 등장하는데, 사람들이 이 소리를 듣고 온갖 동물 소리를 내기 시작했대요. 무슨 브레멘 음악대처럼요. "꼬끼오! 멍멍! 음메~ 꿀꿀!!" 극장 전체가 동물 울음소리와 비웃는 웃음으로 가득 찼다고 하더라고요.

백 이 정도면 뭐 의미 없는 야유는 아니었을 거예요. 준비하고 온 태가 너무 나는데요?

장 그렇죠? 확실히 밝혀지진 않았지만, 이 초연 말아먹기 계획은 출판사 리코르디의 숙적이었던 손초뇨 출판사의 작품이라는 이야기가 있답니다.

백　리코르디는 지금도 유명한 클래식 악보 출판사지만 손초뇨는 조금 낯선 이름이죠? 리코르디의 역사를 훑다 보면 제 눈엔 리코르디와 워렌 버핏이 겹쳐 보이더라고요. 가치 투자의 일인자인 워렌 버핏은 회사와 주식의 내재한 가치를 올바로 꿰뚫어 보고 가격이 가치보다 낮은 시점에서 매수하라고 가르치죠. 리코르디도 마찬가지였어요. 벨리니, 도니체티 등 당시 이름을 날렸던 작곡가들의 악보를 출판하는 유명한 출판사였지만 거기에 안주하지 않았죠. 후일 오페라의 제왕이 되는 베르디를 젊은 시절 발굴해서 그의 거의 모든 작품의 판권을 가지는 데 성공합니다. 베르디 28편의 오페라 중 23편의 수기 오페라 악보를 리코르디가 보유하고 있지요. 푸치니의 경우에도 마찬가지였어요. 손초뇨에서 주최한 신인 오페라 작곡가 콩쿠르에서 낙선한 푸치니의 작품을 발견하죠. 돈이 없어 오페라를 무대에 올릴 수 없었던 푸치니를 도와 그의 첫 오페라 〈레 빌리〉를 무대에 올려줘요. 이후 젊은 푸치니와 계약을 하고 〈라 론디네〉를 제외한 푸치니 작품의 모든 판권을 가져옵니다. 오페라계의 메가 작곡가 베르디와 푸치니를 거머쥔 리코르디는 수백 년이 지난 지금까지도 음악 출판업계에서 승승장구하고 있죠.

장　가치를 알아볼 줄 아는 눈과 귀가 수백 년 성공 기업의 기초가 되었군요. 리코르디 가문에는 브라보를 외쳐줄 만한 일이지만 손초뇨는 배가 상당히 아팠겠어요. 그래도 훼방 꾼까지 동원해서 초연을 방해하는 건 좀 아니지 않나요?

백 나쁜 짓을 해서인지 지금은 형체도 없이 사라진 출판사가 되었어요. 안 되긴 했지만 개인적으로는 살짝 고소하다고 말해도 되나요? 하하. 사실 〈나비부인〉 초연 작품과 지금 우리가 보는 〈나비부인〉은 조금 다르대요. 초연 때는 2막이 너무 길어서 사람들이 고통스럽도록 지루해했다죠. 푸치니가 절친했던 토스카니니에게 오페라에 대해 물었는데, 찔리는 게 너무 많았던 토스카니니는 아무 의견 없이 그냥 악보를 돌려주었대요. 자기가 보기에도 치명적인 약점이 있었는데 말이죠. 뭐 여러 가지가 초연을 도와주지 않았네요. 친구의 불륜마저 오페라를 망치다니.

장 〈나비부인〉의 성공에 조금도 의심이 없었던 푸치니가 온 가족 친지를 초연 날 초대했는데, 예상치 못한 관객들의 심한 야유에 아들이 상심해서 펑펑 울었다고 하잖아요. 얼마나 속이 상했을까요.

백 리코르디는 음악 잡지에 이 소동을 "객석에서 일어난 사건들은 무대 위의 오페라와 마찬가지로 조직적이었던 것으로 보인다"라고 말하며 손초뇨의 개입을 의심했어요. 이어서 "그 초연은 단테의 '지옥'과도 같았다"라고 말하죠. 이게 또 재미있는 것이 후일 푸치니가 단테의 지옥에 있던 잔니 스키키를 무대 위로 데려와 오페라로 만들잖아요. 〈잔니 스키키〉의 시작은 〈나비부인〉의 참패에서 나온 게 아닌가 싶기도 하네요.

하여간 온 가족과 함께 참담한 실패를 맛본 푸치니는 집으로 돌아와 주먹을 불끈 쥐고 〈나비부인〉을 개작해요. 만일 성공도 실패도 아닌 어정쩡한 작품으로 그냥 갔다면 나비부인의 절절한 아리아를 주옥같은 성악가들의 목소리로 듣지 못했을 수도 있어요. 실패도 하려면 시원하고 크게 해줘야 배움이든 걸작이든 남게 되나 봐요.

VI

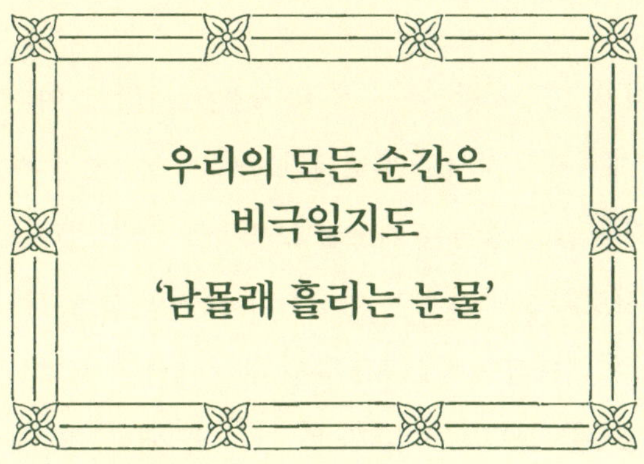

작품	사랑의 묘약	L'elisir d'amore
작곡	가에타노 도니체티	Gaetano Donizetti, 1797~1848
아리아	남몰래 흘리는 눈물	Una furtiva lagrima

스페인의 바스크 지방. 농부 네모리노는 지주의 딸 아디나를 흠모한다. 매력적인 하사관 벨코레의 구애가 싫지만은 않은 듯한 아디나의 모습을 발견한 네모리노. 마을에 약을 팔러온 둘카마라에게 사랑의 묘약이 있는지 묻는다. 하지만 둘카마라는 사기꾼 약장수. 네모리노에게 포도주를 대신 내준다. 묘약으로 착각하고 포도주를 잔뜩 마셔 취한 네모리노는 내일이면 자신과 사랑에 빠질 아디나를 놀려댄다. 태도가 변한 그를 보고 약이 오른 아디나는 홧김에 벨코레와 결혼을 약속한다. 오늘 당장 결혼하자는 벨코레의 이야기에 네모리노는 둘카마라를 찾아가 좀 더 효과 좋은 약을 달라고 부탁한다. 약을 많이 먹기만 하면 된다고 사기를 치는 둘카마라. 네모리노는 약을 살 수 있는 돈을 벌기 위해 입대를 결심한다. 한편 마을에는 네모리노의 친척 아저씨가 막대한 재산을 남겼다는 소문이 돈다. 마을 아가씨들은 네모리노에게 몰려들고, 소문을 듣지 못한 네모리노는 이것이 모두 사랑의 묘약 덕분이라고 착각한다. 아디나는 자신에게 관심이 없어 보이는 네모리노가 자신 때문에 군대에 입대하기로 했다는 얘기를 듣고는 그를 사랑하고 있었음을 깨닫는다. 아디나가 네모리노의 돈을 갚고 입대 또한 막아주며 두 사람은 사랑의 결실을 맺는다.

남몰래 흘리는 눈물

사랑을 위해 입대까지 결심한 네모리노의 마음을 알게 된 아디
나는 눈물을 흘린다. 그런 그녀를 몰래 바라보며 아디나가 자기
를 사랑하고 있음을 알아챈 네모리노가 부르는 사랑의 로만차❧.

그녀의 눈가에 몰래 흘리는 눈물 한 방울

내 주위를 웃으며 즐겁게 따라다니는 아가씨들을

시기하는 눈물처럼 보이는구나.

이제 더 바랄 것 무엇이 있을까.

그녀는 나를 사랑해! 아 나를 사랑하고 있구나.

나는 이제 그녀의 마음을 알게 되었어.

그녀의 심장 고동 소리를 함께 느끼고

어서 그녀의 탄식과 나의 탄식이 하나가 되기를.

하느님! 저는 이제 죽어도 여한이 없습니다.

그녀의 사랑을 위해서라면 죽어도 상관없습니다.

❧ 느리고 서정적으로 로맨틱한 주제를 부르는 아리아의 종류.

사랑의 묘약

백　어렸을 때 '남몰래 흘리는 눈물'을 들으면서 노래 부르는 사람이 흘리는 눈물인 줄 알았는데요, 알고 보니 좋아하는 여인이 자기를 위해서 흘리는 눈물을 보고 노래하는 거였더라고요.

장　어려서부터 오페라를 많이 보신 줄 알았는데, 어떻게 그런 착각을요?

백　저는 어머니가 출연하는 오페라만 주로 보며 자라서 말이죠. 〈사랑의 묘약〉에는 메조소프라노가 등장하지 않아요. 어머니나 저나 다 메조소프라노라서 소프라노만 나오는 오페라는 뭐, 하하. 〈라 보엠〉, 〈돈 파스콸레〉, 〈토스카〉 이런 유명한 작품도 저랑은 상관없다고 생각한 것 같아요. 메조소프라노도 안 나오는 이런 야박한 오페라가 있나, 하는 생각이 먼저 들었나 봐요, 하하.

장　아니 직업이 성악가인데 그런 오페라 비애호가 같은 말씀을 하시다니, 팔이 너무 안으로 굽으신 것 아닙니까? 생각 못한 부분이네요, 하하하.

백　오페라 해설도 하고 있으니 앞으로는 신경 좀 써보겠습니다. 〈사랑의 묘약〉 제목부터 너무 흥미롭죠? 사실 사랑의 묘약은 옛날이야기나 신화에 단골로 등장해요. 생각해보세요. 내가 사랑하는 사람이 누구든지 이 묘약만 있으면 나에게 홀딱 빠지게 할 수 있다? 정말 대단한 일이잖아요? 어쨌든, 세상 연애하는 남녀들이 가진 가장 큰 문제 중의 하나가 바로 '내가 사랑하는 사람이 나를 사랑하지 않는다' 이지 않습니까? 연애 기억이 가물가물한 우리 어른들이야 언뜻 이해가 가지 않을지 모르지만, 한창 연애하는 사람들에겐 죽느냐 사느냐 하는 문제거든요. 실제로 나 죽는다 하고 드러눕는 구애자도 있고, 상사병에 걸려서 시름시름 앓는 사람도 있고요.

장　세상의 반이 이성인데 뭐 그럴 것까지야. 저 같으면 '어? 나 같이 괜찮은 사람을 못 알아보고 지나치는 너는 현명하지 못하군' 하고 깨끗이 무시하겠어요.

백　그건 선생님처럼 융통성 있는 인물들이나 가능한 얘기고요. 우리가 사랑을 위해 하는 일들이란 정말 다양하고 기발한 것들도 많아요.

장　하긴 다시 생각해보니 사랑하는 사람이 내가 사랑하는 만큼 나를 사랑해주고, 평생을 함께할 수 있는 기회가 생긴다면, 얼마든지 돈을 주고서라도 사고 싶은 매력적인 아이템이긴 하네요. 그러니 신화나 옛날이야기에 널리 등장하는 거겠죠. 그리스 신화의 큐피드 화살과 비슷한 역할이니까요. 이 묘약이 오페라 〈트리스탄과 이졸데〉에 나오기도 하고 〈한여름 밤의 꿈〉에도 등장해서 한바탕 소동을 일으

키기도 하잖아요? 사람들이 동경해 마지않는 약인데, 현대 과학으로는 어떻게 만들어볼 수 있지 않을까 기대해봅니다.

백 현대 과학이라도 이용해 만들어보고 싶을 만큼 그 효과는 매력적이죠. 하지만 이런 묘약으로 이루어진 한 쌍이 과연 끝까지 행복할 수 있을까요? 묘약을 써야 하는 상황이라면, 나는 좋아하지만 저 사람은 나에게 관심이 없는 상태였을 텐데요. 상대방이 맨정신일 때 나를 받아주지 않은 데는 또 그럴만한 이유가 있었을 테고요. 묘약 같은 거 없이도 사랑을 이루어내는 오페라 주인공들도 많잖아요. 그런 해피엔딩의 주인공들이 오래오래 더 행복하게 살았을 것 같아요.

시작부터 난관, 마감의 묘약

장   사람들이 클래식 작곡가 중에 모차르트를 가장 천재로 치지만, 사실 저는 어떤 면에서는 도니체티가 더 천재 같다는 생각이 듭니다.

백   오 대담하신걸요? 자타 공인 신동 천재 작곡가 모차르트를 제치고요?

장   모차르트가 신동이기는 했지만, 신동으로 불리는 가장 큰 이유는 아버지 레오폴트 모차르트의 교육열 때문이죠. 본인도 작곡가였기 때문에 아들의 음악성을 일찍 알아보고, 요샛말로 '조기 교육'을 한껏 시킬 수 있는 환경에서 모차르트를 길러냈잖아요. 모차르트는 누나 나넬이 치는 피아노를 어깨너머로 구경하다 4살부터 피아노를 익히기 시작했어요. 아들의 재능을 알아본 아버지 모차르트가 작곡과 피아노, 바이올린을 그에게 가르치기 시작해 6살 무렵에는 신동 음악가로 전 유럽을 넘나들며 공연하는 천재 음악가로 길러낸 거예요.

백   맞아요. 사실 아버지 모차르트가 가장 잘한 것이 아들을 가르치는 데 그치지 않고 공연을 부지런히 만들어서 콘서트 투어를 한 거라고 생각해요. 연습 10시간보다 공연 1시간이 음악을 공부하는 사람들에게는 어쩌면 실력이 더 빨리 늘 기회거든요. 레오폴트의 놀라운 통찰력이란, 정말.

장 온 집안이 짐을 싸서 연주 여행을 다닐 정도로 아들에게 정성을 쏟은 모차르트 집안에 비하면 도니체티는 글쎄요. 음악적 환경은 고사하고 집안 형편이 아주 불쌍했어요. 마을 전당포에서 관리인으로 일했던 가난한 아버지 밑에서 셋째 아들로 태어났죠. 음악과는 전혀 상관없는 집안인데다 가난하여 동네에 있는 자선 학교를 알아보게 되었대요. 이 학교는 무상 교육을 해주는 대신 변성기가 오기 전 남학생들을 합창 단원으로 일하게 했어요. 도니체티가 여기 뽑힌 거죠. 노래는 그럭저럭했다는데, 학교 설립자이자 당시 유명 오페라 작곡가였던 사이몬 메이어(Simone Mayr)가 도니체티의 음악적 재능을 발견하고 9살이던 그를 발탁해 18세가 되도록 교육시켜요.

백 어머니 뱃속에서부터 음악을 듣고 자라 하루 종일 피아노, 바이올린, 작곡을 배우던 모차르트와는 딴판이네요. 글이나 좀 가르쳐볼까 하고 들여보낸 음악 학교에서 우연히 발탁이라. 안목 있는 스승 덕에 우리가 도니체티의 아름다운 음악을 듣고 사는군요. 조금 더 일찍 재능을 발견했다면 모차르트도 능가하지 않았을까요?

장 모차르트도 짧은 생에 남다른 양의 작품을 남겼지만 도니체티는 정말 빠른 작곡으로 유명했어요. 선배 작곡가 로시니가 〈세비야의 이발사〉를 단 13일 만에 썼다는 이야기를 듣고 "그래? 로시니 선생님은 좀 게으르니까" 하고 말했을 정도니까요.

백 하하하. 맞아요. 어디선가 도니체티 캐리커처를 봤는데 제목이 "양손에 펜을 들고 동시에 두 오페라를 작곡하는 도니체티"였어요. 물론 진짜 양손에 펜을 들고 두 오페라를 작곡하지는 않았겠지만요. 아마 다른 사람들이 한 오페라 작곡할 시간에 서너 작품을 쓰는 작곡가라 그런 그림이 나왔겠죠.

장 모차르트가 35세에 단명하긴 했지만, 죽기 전까지 22편의 오페라(정식 오페라는 17편)를 작곡한 데 비해 도니체티는 19세에서 47세까지 75편의 오페라와 650여 곡의 악곡을 작곡했어요. 정말 엄청난 양이 아닐 수 없습니다.

백 음악들이 스프링처럼 도니체티의 뇌에 박혀 있다가 문만 열면 하나둘씩 튀어나오는 게 상상되네요. 도니체티 작품 중에 가장 유쾌하고 가장 유명한 이 오페라 〈사랑의 묘약〉도 2주 만에 작곡한 오페라라고 하더라고요.

장 극장장이 2주 만에 작곡하라고 데드라인을 줘서 그렇지, 더 빨리 썼을지도 모르죠. 밀라노의 카노비아나 극장 지배인이 펑크난 작품을 메우느라 도니체티에게 급하게 부탁을 했대요. 지배인도 참, 작품이 안 나올 것 같으면 일찍 낌새를 알아채고 빨리 작곡가를 바꿨어야지 이게 무슨 일이랍니까.

백 머리 한구석에 도니체티라는 손 빠른 작곡가가 있다는 안 이하고도 정확한 계획이 있었던 탓이 아닐까요? 도니체티에게 "있던 작품을 개작하든 다른 사람의 작품을 가져다 수정하든 다 좋으니 2주 만에 작품을 주시오"라는 얘기를 했다죠. 도니체티는 너무도 여유 있게 "무슨 농담을. 나는 작품을 짜깁기하는 버릇은 없어요. 더군다나 다른 사람의 작품을 개작하다니, 쯧쯧." 아마 로시니를 두고 비꼰 말이겠지만요. 실제로 로시니는 자기 작품을 자가 복제해서 다른 작품에 넣는 경우가 많았어요. 이에 비해 천재 도니체티 선생은 모든 작품이 신작이었다 해도 무리가 없죠. 모차르트가 울고 갈 천재 맞습니다.

장 작곡가도 작곡가이지만 원작을 일주일 만에 써낸 대본 작가 펠리체 로마니(Felice Romani)도 대단해요. 원래 변호사였던 로마니는 대본 작가로 성공해 당시 이탈리아에서 가장 잘 나가는 대본가로 활동하고 있었어요. 할 일이 넘치는 상황에서 누가 봐도 도저히 지킬 수 없는 기일을 약속하는 (좋게 말하면) 용감한 사람이었다죠, 하하.

백 아, 꼭 저 같네요. 뼈가 삭는 소리를 들으면서 일하는 이상한 사람들이 꼭 있어요. 올해까지만 이렇게 살고 내년부터는 그러지 말아야 할 텐데요, 하하. 그래서 로마니는 마감에 성공했나요?

장 그간의 마감 미루기를 끝내려고 〈사랑의 묘약〉은 멋지게 마감 날에 마쳤답니다. 손이 빠른 작곡가와 일하려면 할 수 없었던 걸까요? 잘되는 오페라가 탄생하려니 하늘이 도운 것일 수도요. 도니체티도 "이 작품은 징조가 좋습니다" 하고 로마니에게 이야기했다는군요.

백 실제 극장 상황이나 성악가 상황은 최악이었다는데요? 도니체티가 로마니에게 "프리마돈나는 독일인이고 테너는 말더듬이, 어릿광대는 염소 소리를 내고, 프랑스인 베이스 가수는 노래를 못 하지만…"라고 말하며 걱정했다고 해요. 당시 이탈리아에서 독일 소프라노란 아마 한국 판소리를 부르는 중국인 같지 않았을까요? 이런 와중에 남은 기한은 2주뿐이고, 대본을 받는 족족 쉬는 시간 없이 곡을 써야 했을 텐데, 도니체티는 대단한 낙관주의자였음이 틀림없네요.

장 모든 글은 '마감일'이 확실해야 써진다고 어떤 작가가 말씀하신 게 기억나네요. 정해진 마감 날짜가 있고, 성악가들은 최악이었으니 스릴도 넘쳤겠죠. 진정한 '마감의 묘약'은 마감일일지도요. 아니면 스릴과 서스펜스? 그렇게 단번에 쓴 〈사랑의 묘약〉이 지금껏 많은 오페라 팬의 사랑을 받는 작품으로 남은 걸 보면, 마감일과 스릴의 묘약이 제대로 먹힌 걸지도 모르겠네요.

"비극도 희극도 다 내게 있소"
천재 작곡가 도니체티

장 전체적으로 아주 명랑한 오페라죠. '사랑의 묘약'이라는 달콤하면서 신비로운 주제와 등장인물로는 코미디언 뺨치는 약장수, 동네에서 제일 아름다운 처녀, 거기에 살짝 모자라는 농부. 그런데 극이 잘 굴러가는 듯하다가 갑자기 '남몰래 흘리는 눈물'이라니. 무척 아름다운 곡이 극의 흐름을 살짝 흐트러뜨리는 대목이 아닐 수 없는데요.

백 오페라보다 아리아가 더 유명한 작품이라서 대부분의 사람이 극의 흐름을 잘 모르긴 하죠. 어떤 분들은 이 아리아만 듣고 〈사랑의 묘약〉을 무척 슬픈 오페라로 생각하더라고요. 같은 이유로 대본가 로마니도 이 곡은 삭제하자고 제안했대요. 이 아리아가 없는 편이 극에 속도감을 줘 자칫 지루해질 수 있는 위험에서 벗어날 수 있으니까요. 하지만 도니체티는 끝까지 자기주장을 굽히지 않았고, 결국 이 아리아를 빼지 않고 오페라를 올려요. 도니체티가 뜻을 굽혔다면 아마 우리는 〈사랑의 묘약〉을 지금처럼 자주 만날 수 없었을 거예요. 이 아리아를 먼저 듣고 오페라를 보러온 사람이 대다수이니까요.

장 대단한 안목과 취향인 거죠. 사람들이 어떤 노래를 들으면 감동하고 끝까지 기억하는지 파악한 거니까요. 모든 일이 다 그렇지만, 무엇을 선택하고 어느 부분에 집중할지 아는 사람이 일도 잘하고 빨리 마치죠. 선택과 집중. 그래서 자 첫 시간이 걸릴 수 있는 작곡이라는 작업도 그렇게 빨리 끝낼 수 있었던 게 아닐까 합니다.

백　일을 빨리해서 시간이 많았던 건지 아니면 그냥 천재였던 건지, 도니체티는 희극에도 능했고 비극에도 능했어요. 저 는 그 사실이 도니체티가 만든 작품 수보다 더 놀랍더라 고요.

장　아, 그렇죠. 〈사랑의 묘약〉이나 〈돈 파스콸레〉, 〈연대의 딸〉 같은 벨칸토❋의 대표적인 희극 오페라를 작곡하기도 했 지만 〈람메르무어의 루치아〉, 〈안나 볼레나〉, 〈로베르토 데 브뢰〉, 〈루크레치아 보르자〉 같은 대단한 비극적인 오페라 들도 멋지게 써냈지요.

백　이 불가사의한 현상에 대해 참 많은 생각을 했었는데요, 결국 제가 내린 결론은 '도니체티는 인간의 감정에 대해 깊은 이해를 한 사람이다'예요. 사실 어떤 코미디나 희극 을 볼 때 가장 유머러스한 경우는 '어떤 일'을 당하는 주인 공이 가장 심각하거나 슬플 때잖아요. 본인이 보면 비극이 지만 남이 보면 희극인 상황인 거죠. 사람들이 폭소를 터

❋ Belcanto. 미성을 내는 데 치중하는 발성법. 19세기 전반 이탈리아 오페라에 쓰인 기 교적 창법.

트리는 '몰래 카메라' 같은 것도 황당한 일을 당한 사람이 허둥대는 장면에서 가장 많은 웃음이 터져요. 본인은 정말 죽을 것 같다고 생각하는 상황에서도요. 사람들이 참 잔인하다 싶으면서도 같이 웃고 있는 저를 발견하니 참 아이러니죠. 희극 오페라인 〈사랑의 묘약〉도 비슷해요. 자기가 가장 사랑하는 아가씨가 오늘 밤 다른 남자와 결혼하는 주인공의 상황은 그의 인생에서 참을 수 없는 비극이 아닐까요? 어떻게든 방법을 찾아보려 허둥대다 약장수에게 사기를 당하고, 당시 목숨을 보장할 수 없는 군대에 끌려간 주인공은 인생 최대의 비극을 맞이하고 있는 거예요. 우린 이걸 보면서 웃고 있는 거고요. 도니체티의 대단한 능력으로 만든 배경음악이 이 오페라에 희극이라는 레이블을 달아주었지만, 주인공의 마음속으로 한 걸음만 들어가보면 슬픔이 가득해요.

장 어쩌면 희극이나 비극이나 보는 사람만 웃고 울고 하는 차이가 있지 본인들은 다 비극의 순간일지 모르겠네요.

백 그래서 '남몰래 흘리는 눈물'이 이 오페라에서 꼭 필요한 아리아일지도 모르겠어요. 감격스러운 사랑의 결실에 대한 네모리노의 진심이니까요. 아무런 희극적 장치 없이 그의 마음에 담긴 순수한 사랑의 가치를 음악으로 보여주는 보석 같은 순간이죠. 도니체티는 네모리노라는 캐릭터를 정말 사랑했던 것 같아요. 극중 인물이 가진 소중한 감정에 이렇게 정성들여 곡을 붙여주다니요.

장　본인이 가장 중요하게 생각했던 캐릭터의 가장 중요한 순간이니 마감이 촉박해도 마음을 다해 쓸 수밖에 없었겠어요. 그러니 대본가와 싸워서라도 꼭 오페라에 집어넣어야 했고요. 진심으로 썼으니 아직까지 오페라 팬들에게 사랑받는 명곡으로 남은 거죠.

백　'남몰래 흘리는 눈물'이 〈사랑의 묘약〉의 대표곡으로 남아서 참 다행입니다.

ARIA OF PASSION

도전하는 영혼,
노래가 되다

Nessun dorma

Toreador song

Largo

Der Vogelfänger bin ich ja

VII

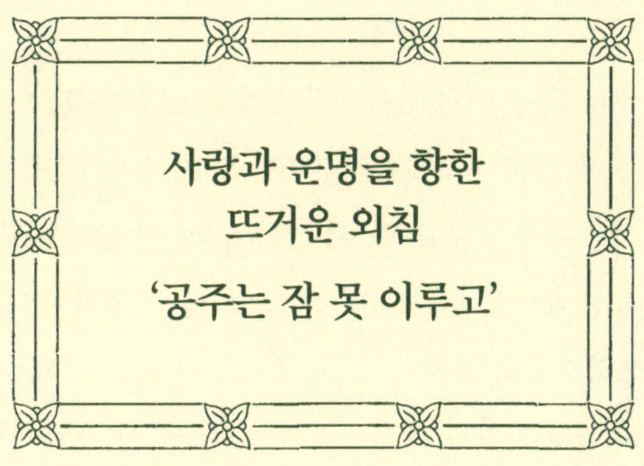

작품	투란도트	Turandot
작곡	자코모 푸치니	Giacomo Puccini, 1858~1924
아리아	공주는 잠 못 이루고	Nessun dorma

베이징 궁궐 앞 광장. 한 관리가 "투란도트 공주와 결혼하길 원하는 사람은 세 가지 수수께끼를 풀어야 한다. 수수께끼를 풀지 못한 페르시아 왕자는 오늘 밤 달이 뜨면 참수된다"라는 포고문을 읽는다. 군중 사이로 한 여인이 눈먼 노인을 부축하며 나타나고, 노인이 쓰러지자 한 젊은이가 그를 부축한다. 둘은 타타르족의 티무르 왕과 칼라프 왕자. 헤어진 부자가 중국에서 다시 만난 것이다. 칼라프 왕자는 공주를 보고 한눈에 마음을 빼앗기고, 수수께끼를 풀어야겠다고 마음먹는다. 아버지 티무르와 왕자를 사랑하는 시녀 류, 중국의 세 대신 핑, 팡, 퐁이 그를 말리지만 소용없다. 결국 칼라프 왕자는 모든 정답을 맞힌다. 그럼에도 불구하고 투란도트는 칼리프를 거부한다. 칼라프는 "나는 사랑으로 불타는 공주를 원하오. 내일 아침까지 나의 이름을 맞힌다면 내 목을 내놓겠지만, 만일 그렇지 못한다면 공주는 내 아내가 될 것이요"라고 말한다. 왕자의 이름을 알아맞힐 때까지 아무도 잠들지 말라는 칙령이 내려지고 투란도트는 티무르와 류를 체포해 심문한다. 그의 이름을 아는 시녀 류가 자결하면서 공주는 칼라프의 이름을 알아내는 데 실패한다. 절망하는 그녀에게 스스로 이름을 가르쳐주는 왕자. 그의 진실한 모습에 투란도트는 사랑에 빠지고, 둘은 황제 앞에서 포옹하며 오페라의 막이 내린다.

공주는 잠 못 이루고

수수께기를 모두 풀어 투란도트 공주를 아내로 맞이하게 된 칼라프. 그러나 투란도트는 그와의 결혼을 거부한다. 칼라프 왕자는 그녀에게 자신 또한 사랑으로 불타는 신부를 맞고 싶다며 오늘밤 자신의 이름을 알아맞히면 기꺼이 목숨을 바치겠노라 말한다. 투란도트는 온 백성에게 이름을 알아오라는 명령을 내린다. 이제 백성 누구도 그의 이름을 알아내기 전에는 잠들 수 없다. 아무도 잠 못 이루는 시끄러운 나라를 보며 승리를 다짐하는 왕자 칼라프의 아리아다.

아무도 잠들지 마라,

아무도 잠들지 마!

당신도 마찬가지요, 공주.

사랑과 희망에 꿈꾸는 별들을

당신의 차가운 방에서 올려다보시오.

내 이름은 나의 가슴속에만 있고,

세상 누구도 알 수 없지.

날이 밝아오면 내 그대 입술에

내 이름을 말해 드리리다.

침묵을 녹이는 나의 입맞춤이

당신을 내 것으로 만들리라.

밤이여 어서 지나가거라,

별들이여 어서 사라지거라,

동이 트면 나는 승리하리, 승리!

힘센 여자 투란도트

백 대체 투란도트는 왜 수수께끼를 내서 왕자들을 참수하는 걸까요? 남의 나라 왕자님들이 무슨 죄라고.

장 대책 없이 불나방처럼 몰려드는 왕자들이 더 문제죠. 무슨 수수께끼가 나올지도 모르는데 하나뿐인 목숨을 걸고. 뭐, 오페라에 등장하는 남자 주인공들이 대부분 금방 사랑에 빠지는 인물들이긴 하죠. 사랑에 얼른 빠져야 오페라가 빠르게 진행되고, 관객이나 연주자들은 자정 전에 집에 돌아갈 수 있어 좋지만요, 하하. 그래도 이 오페라는 좀 심해요. 칼라프의 경우엔 대화 한마디 나눠보지 않고 먼발치에서 대충 투란도트를 봤는데 사랑에 확 빠져 죽음의 도전을 하잖아요. 같은 남자지만 무모해요, 무모해.

백 수수께끼를 못 풀었다면 "아쉽네요, 안녕히 가시고 다음 분!" 정도로 상냥하게 지나가도 좋을 텐데. 그것 좀 못 풀었다고 남의 집 귀한 아들 목을 뎅겅 할 것까지야.

장 오페라 중간에 투란도트가 아리아 '이 궁전 안에서는(In questa reggia)'을 부르면서 자신의 이런 행동에 대해 설명하죠. '수천 년 전 이 땅에 혼돈과 공포의 전쟁이 일어나던 때 나의 선조였던 로링 공주는 적국의 왕자에게 끌려가 수치를 당하고 죽음을 맞이했다. 선대의 공주를 죽음으로 몰아넣은 남자들에 대한 증오심과 로링의 비명은 수천 년간 이 성안에 울려 퍼지고 있다. 그 증오는 나의 마음에 생생하고, 그래서 나는 그 원한으로 복수를 하는 중이다'라고요.

백　저는 그 아리아를 들으니 더 이상하더라고요. 가까운 친구나 언니가 억울한 일을 당했다면 좀 이해가 될 텐데요. 수수께끼를 풀러온 왕자들이 그때 나쁜 일을 했던 사람이라면 더욱 그렇고요. 하지만 몇천 년 전이라면 21세기 엠지세대 아가씨가 삼국시대 공주의 복수를 하겠다는 것과 비슷하잖아요? 우리나라 여고생이 '고려를 침략한 거란족에게 한이 맺혔으니 21세기 중국 소수 민족에게 복수하겠다'란 얘기와 같으니 좀 이상한 거죠. 저는 그냥 투란도트가 원래 흉포한 여인이었다에 한 표요.

장　하하. 이상하긴 하네요. 이 작품은 푸치니가 살던 당시만 해도 생소했던 동양에 대한 판타지 오페라예요. 동화에 더 가까워요. 마녀도 나오고, 요정도 나오는. 현실에서는 존재 불가능한 인물이 등장해도 그런가 보다 할 수 있는 거죠. 하지만 놀라운 건 투란도트가 현실의 인물을 참고해서 만들어진 캐릭터라는 거예요.

백　아니, 저렇게 특이한 인물이 진짜 존재했다고요?

장　역사 기록에 남아 있어요. 투란도트의 모티브가 되는 이야기는 쿠툴룬 공주 이야기예요. 마르코 폴로의 《동방견문록》에는 오고타이 칸국의 칸(군주)인 '카이두 칸'의 이야기

가 등장해요. 칭기즈칸의 손자 카이두에게는 24명의 자식
이 있었고, 그중 9명은 딸이었어요. 이 딸 중에 쿠툴룬이라
는 공주가 있었죠. 그녀는 무척 아름답기도 했지만, 힘이
장사라서 오고타이 칸국에서 그녀를 힘으로 이길 남자가
없었대요. 딸을 사랑하는 마음에 카이두는 그녀가 좋은 사
람을 만나 행복하게 결혼 생활을 하길 바랐죠. 하지만 쿠
툴룬 공주는 "누구든 저와 결혼을 원하는 사람은 힘과 용
맹함, 지구력, 군사적 지략으로 저를 이길 수 있어야만 할
겁니다"라고 했다는군요. 그녀는 말 100마리를 걸고 씨름
내기를 해보자고 오고타이 칸국의 남자들에게 제안했어
요. 그녀가 이기면 말 100필을 얻고, 도전자가 이기면 그
의 아내가 되기로 했죠. 결국 쿠툴룬 공주가 말 1만 마리를
다 얻고야 싸움이 끝났다고 해요.

백　아무리 《동방견문록》이 진정성 비판을 받았어도 엄연한
여행기라고 생각했는데, 쿠툴룬의 이야기는 거의 드라마
〈힘센 여자 도봉순〉 같군요.

장　하하. 그렇죠. 기록에 따르면 그녀는 웬만한 남성쯤은 새 한
마리 잡듯 끌고 다닐 수 있을 정도로 힘이 셌대요. 카이두
는 결국 그녀를 못 말리고 전장에 공주를 데리고 다녔대요.
하도 시집을 안 보내고 곁에 두니까 사람들이 둘의 관계를
의심할 정도였다죠. '어이쿠 이건 아니지' 생각한 카이두는
얼른 괜찮아 보이는 사위를 얻어 바삐 딸을 시집 보냈다는

군요. 결국 그녀는 남편과 아들 둘 낳아 잘 살았다고 전해
져요. 끝은 좀 흐지부지하지만 투란도트에 비해서는 발랄
한 이야기죠. 말도 1만 마리나 얻고 시집도 가고 말이죠.

백　도전자들도 말은 잃었지만 머리는 보존했으니 다행이네
요, 하하.

장　18세기 프랑스 동양학자 프랑수아 페티 드 라 크루아는
1712년에 《천일일화, 페르시아 이야기》를 출간했어요. 앙투
안 갈랑이 그 전에 번역한 《천일야화》의 인기에 힘입어 나
오게 된 책이라고 해요. 바로 우리가 어렸을 때 읽던 《아라
비안 나이트》예요. 《천일야화》는 여자를 혐오하는 왕의 마
음을 돌리기 위한 이야기지만 《천일일화》는 남자를 혐오하
는 파루크나즈 공주의 마음을 돌리기 위해 들려주는 유모
의 이야기예요. 여기 나오는 투란도트의 이야기가 쿠툴룬
공주의 이야기를 바탕으로 한 이야기라는군요. 몽고에서 시
작된 공주의 이야기가 페르시아까지 전해진 것이죠.
이탈리아의 카를로 고치(Carlo Gozzi)는 드 라 크루아의 이
야기를 바탕으로 1761년 희곡 〈투란도트〉를 발표해요. 푸
치니의 스승 안토니오 바치니(Antonio Bazzini)는 이 〈투란
도트〉를 바탕으로 〈투란다〉라는 오페라를 쓰기도 했대요.

백　《천일야화》, 《아라비안 나이트》는 많이 들어봤는데, 《천일
일화》도 흥미로울 것 같아요. 오리엔탈리즘에 관심이 많았
던 푸치니의 마음을 흔들만 했겠어요.

장 이 작품이 푸치니의 유작이죠. 푸치니는 3막 '류의 죽음'까지 쓰고 후두암 치료를 위해 벨기에로 떠나요.

백 작곡가와 담배는 떼려야 뗄 수 없는 관계죠. 지휘자이자 작곡가였던 레너드 번스타인(Leonard Bernstein)도 소문난 골초였죠. 폐암으로 죽어가면서도 병실에서 가족 친지들과 친구들을 모두 내보내고, 조수에게 담배 한 개비만 달라고 속삭였던 이야기는 유명해요. 푸치니의 담배 사랑도 남달랐다죠. 어렸을 때 성당 파이프 오르간을 한 쪽씩 떼어 몰래 팔았는데, 그걸 고물상에 판 돈으로 담배를 사곤 했다는군요.

장 아니, 한 쪽씩 떼다 팔았다면 비는 음이 있어서 금방 탄로 나지 않았을까요?

백 푸치니가 파이프 오르간 주자로 있었던 성당이라 들통나지 않았나 봐요. 비어 있는 음은 교묘하게 피해서 오르간 연주를 했기 때문이기도 한데, 빈 건반 있는 오르간으로 연주하려면 머리와 손을 무척 잘 굴려야 했을 거예요. 화성법 실력하고 건반 기술이 엄청 늘었을 것 같죠? 훌륭한 작곡가가 되는데 담배의 공헌도 있는 걸까요? 하하. 아이고 웃을 일이 아닌데요. 푸치니가 거위 고기를 먹다가 목에 뼈가 걸리는 사고를 당했기 때문에 후두암에 걸렸다는 소문도 많았지만, 역시 가장 큰 원인은 담배였을 거예요. 결국 병세가 깊어져 작곡을 멈추고 당대 최고의 인후 전문가가 있던 벨기에의 수도 브뤼셀로 떠난 거죠. 떠날 때야 몰랐겠죠. 자신이 공들여 쓰던 오페라를 완성하지 못하고 관에 실려 조국으로 돌아올 것을요.

장 오페라 세계의 보물 같은 작곡가인 푸치니가 조금만 덜 재미있는 일상을 살았더라면 좋았을 텐데요. 고급 자동차를 사 모으는 것까지는 좋았는데, 스피드광이라 차 사고를 당해서 골절상과 실어증을 겪지를 않나, 외도가 너무 잦으니 심한 의부증에 빠진 아내 때문에 의심을 받은 하녀가 자살하지를 않나, 어릴 적부터 담배를 너무 심하게 태운 바람에 결국 오페라도 완성하지 못하고 후두암으로 세상을 떠났네요. 그의 일상은 여러 사건이 참 많았어요. 푸치니 전기를 읽다 보면 숨이 찰 정도니까요.

백 일상이 평범했다면 음악도 평범하지 않았을까 하는 생각도 듭니다. 스피드도, 담배도, 여자도 모두 열정적으로 사랑했고 결국은 끝을 본 거죠. 음악 역시 미친 듯 사랑했으니 여전히 많은 사람이 그의 오페라에 열광하는 거고요. 그의 오페라를 유산으로 물려받은 저희 같은 성악가들이야 감사할 일이지요. 그치만 젊은 푸치니가 20대인 저에게 와서 손잡고 사랑이라도 고백한다면 저는 멀리 도망갈 것 같네요. "푸치니 씨, 저는 안정적이고 행복한 일생을 보내고 싶으니 이 손 놓으시죠" 하면서요.

장 하하하. 오리엔탈리즘에 푹 빠져있기도 했고 비제의 〈카르멘〉도 좋아했던 푸치니였으니, 그 공연을 자주 하는 선생님을 만났다면 그럴 가능성도 있네요.

백 예술가는 열정을 먹고사는 사람들이니까 열정 넘치는 삶은 언제나 응원합니다. 그치만 건강이나 가정을 좀 돌보면서 살았으면 좋겠어요. 앞서 말했듯 푸치니가 18세에 처음 〈아이다〉를 보고 '오늘 내 인생의 음악의 문이 열렸다'라는 말을 일기에 썼잖아요. 〈아이다〉라는 감동적인 대작이 어린 푸치니에게 큰 음악적 영향을 준 데는 의심할 여지가 없어요. 어쩌면 〈투란도트〉는 푸치니가 베르디를 향한 존경을 담아 만든 레플리카◈이었을지도 몰라요. 작곡 생활의 정점에서 드디어 〈아이다〉 같은 이국적인 대규모 판타지물을 작곡하는 날이 그에게 찾아온 거예요. 얼마나 벅차고 떨리는 순간이었을까요. 이 정도면 〈투란도트〉는 푸치니 일생에 있어 가장 중요한 작품이라고 해도 무리가 없을 거예요. 다만 담배를 못 끊은 바람에 끝을 못 보다니요. 제가 다 억울합니다.

장 그러고 보니 국제 금연 캠페인에 쓸 만한 오페라군요. 피날레로 "Vincero!(승리)"를 부르며 금연 승리를 외쳐도 딱이겠어요.

◈ Replica. 원작을 복제한 모작을 일컫는다.

예술성과 대중성을 둘 다 잡은 오페라

백 아리아 '공주는 잠 못 이루고'는 대체 언제부터 이렇게 유명해졌을까요?

장 원래 유명한 아리아이긴 했죠. 그래도 역시 1990년 주빈 메타가 지휘한 '3테너 콘서트'를 시작으로 지금껏 유명세가 이어지지 않았나 싶어요. 전설 같은 3명의 테너 루치아노 파바로티(Luciano Pavarotti), 호세 카레라스(Jose Carreras), 플라시도 도밍고(Placido Domingo)가 모여서 정말 유쾌하고 아름다운 콘서트를 선사했죠. 파바로티가 이미 공연 중간에 이 아리아를 부르기는 했지만, 세 테너가 함께 콘서트 마지막에 앙코르 송으로 '공주는 잠 못 이루고'를 다시 나누어 불렀어요. 간주 부분에서 셋이 웃으며 노래 부를 부분을 나누는 것도 이전 콘서트 무대에서는 볼 수 없었던 유쾌하고 참신한 모습이었고요. 역시 명불허전. 세 테너 모두 맡은 부분을 기가 막히게 잘 불러주었고 클라이맥스인 "Vincero!"는 세 테너가 함께 불렀는데 진정 압권이었어요. 이 콘서트 이후로 이 아리아는 더욱더 인기를 끌게 되었죠.

백 영화에서도 자주 등장했지요. 저는 특히 〈미션 임파서블〉에 등장한 〈투란도트〉 오페라 장면이 기억에 남아요. 빈국립오페라극장에서 상연되는 오페라였죠. 테러 단체가 오스트리아 총리를 암살하려는 장면에 등장해요. 여기서 황금색 실크 드레스를 입은 암살범 여주인공이 악보를 꺼내들고 총리를 향해 총을 쏠 대목을 체크해요. 빨간 동그라미로 악보에 표시한 발사 지점이 바로 '공주는 잠 못 이루고'의 마지막 클라이맥스 가사 'Vincero'의 'ro' 부분이란 말이죠. 아리아를 부른 테너도 인상적이었어요. 테너 그레고리 쿤데(Gregory Kunde)가 칼라프를 연기했는데, 파바로티와 요나스 카우프만(Jonas Kaufmann)을 합친 것 같은 묵직한 목소리가 압권이었죠. 근래 영화 음악에 등장하던 성악가 중 가장 인상 깊은 목소리였다고나 할까요.

장　저도 재미있게 본 장면이에요. 스파이 영화에서 빠질 수 없는 남자 주인공과 여자 주인공의 글래머러스한 매력을 보여주는 장면에 오페라 극장만 한 배경이 또 있을까요? 화려한 대규모 오페라에 남자 주인공과 어울리는 영웅적인 아리아까지 감독이 정말 절묘한 선택을 했다고 봅니다. 특히, 이 영화 이전엔 빈국립오페라극장에선 단 한 번도 〈투란도트〉를 상연한 적이 없었다니 신기하죠. 영화 〈미션 임파서블〉에 나온 이후로는 〈투란도트〉가 이 극장에서 자주 상연하는 관광 상품이 되었어요.

백　영화 속에 등장한 오페라 관객들 패션도 인상 깊었어요. 요새는 오페라 극장에 갈 때 정장 정도 차려입는 경우가 대부분이죠. 물론 영화에선 총리가 참석한 특별한 행사라

더 신경 써 입었겠지만 그것도 나빠 보이지 않더라고요. 우리가 영화나 오페라 극장에 가는 가장 큰 이유 중의 하나는 반복되는 일상에서 잠시 벗어나기 위함일 거예요. 평소에 입지 않던 좋은 옷을 꺼내 입고 화려한 조명 아래에서 조금은 낯선 자신을 느껴 보는 거죠. 성악가들의 이국적인 아리아와 중창을 듣다 보면 또 살아갈 힘을 얻게 되지 않을까요?

장 실제로 메트로폴리탄 오페라나 라스칼라극장의 오페라 첫 공연 날에는 청중들이 화려한 턱시도와 드레스로 성장을 하고 오더라고요. 참, 푸치니는 "나는 최고의 이류 오페라 작곡가"라는 우스갯소리를 했어요. 이류 작곡가라는 말은 물론 농담이겠지만 '작품성과 함께 대중성과 상업성도 높은' 음악을 작곡한다는 것을 표현한 이야기라고 여겨져요. 푸치니의 오페라가 깊이감이 있으면서도 너무 심오하지 않고, 들으면 직관적인 감동이 몰려오는 음악이라 일상의 고급스러운 탈출에 딱 알맞은 게 아닐까요? 일상 탈출이 매일같이 오는 기회는 아닐 테니, 이런 특별한 동기가 있다면 동화 같기도, 판타지 같기도 한 특별한 오페라 〈투란도트〉가 딱이에요. 물론 테너가 노래를 잘 불러준다면 금상첨화겠죠. 테너가 긴 시간 갈고 닦은 이 아리아의 마지막 부분 "Vincero"를 들으면서 마음이 뻥 뚫리는 통쾌함도 맛볼 수 있을 테고요.

VIII

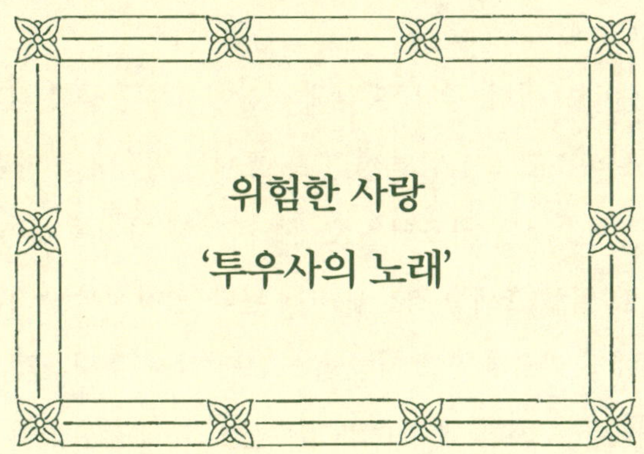

작품	카르멘	Carmen
작곡	조르주 비제	Georges Bizet, 1838~1875
아리아	투우사의 노래	Toreador song

스페인 세비야 광장. 광장 옆 담배 공장에서 여공들 간의 싸움이 일어나고, 바스크 출신의 하사관 돈 호세는 싸움에 휘말린다. 매력적인 집시 여직공 카르멘은 호세를 유혹해 자기를 풀어주도록 만들고, 그 일로 호세는 영창에 가게 된다. 영창에서 풀려난 호세는 술집에서 카르멘을 호시탐탐 노리던 상사 주니가와 싸움이 붙고, 귀대를 포기한 채 그녀와 밀수꾼 소굴에 합류하며 탈영병 신세가 된다. 하지만 카르멘의 사랑은 곧 시들해지고 그녀의 마음은 투우사 에스카미요에게 기운다. 모든 것을 버리고 카르멘을 따라 밀수꾼이 된 호세는 카르멘의 변한 마음에 절망한다. 마침 고향에서 온 약혼녀 미카엘라는 호세의 어머니가 위독하다는 소식을 전하고 호세는 그녀와 함께 고향으로 돌아간다. 시간이 지난 후, 에스카미요의 구애를 받아들여 그의 애인이 된 카르멘. 애인의 경기를 보기 위해 한껏 치장하고 투우장으로 들어가던 카르멘은 남루한 차림의 호세와 마주친다. 호세는 카르멘에게 "나는 아직 너를 사랑한다. 네가 나의 것이 되지 못할 바에야 너를 죽이고 말겠다"라고 협박한다. 카르멘은 "나는 자유롭게 태어난 사람. 죽을 때도 자유롭게 죽을 것이다" 하며 그에게 받은 반지를 빼 던져 버린다. 호세는 그녀를 칼로 찔러 살해하고 절규한다.

투우사의 노래

오페라 〈카르멘〉 2막. 무대는 집시들과 군인들의 파티가 한창인 릴리아스 파스티아의 술집이다. 카르멘과 집시 여인들의 춤과 노래로 분위기가 고조된 술판에 세비야의 인기 투우사 에스카미요가 등장해 투우에 관한 멋진 노래를 부르고, 파티의 분위기는 한층 더 고조된다.

여러분의 건배에
저도 잔을 들어 화답하려고 합니다.
여기 계신 군인 여러분,
군인들과 투우사들은 통하는 구석이 많지 않습니까?
둘은 모두 기쁨을 위해 싸우는 사람들이니 말입니다.

투우장은 만석, 오늘은 축제의 날,
투우장은 만석, 이쪽 끝부터 저쪽 끝까지.

관중들은 분별을 못하고

떠들썩하게 소리를 지르기 시작한다.

극으로 치닫는 외침, 고함과 소란!

이것은 용기의 축제니까!

이것은 강한 심장을 지닌 사람을 위한 축제니까!

가자! 준비하라.

투우사여, 준비하라.

싸우는 동안 잊지 말라.

그녀의 검은 눈이 너를 지켜보고 있다는 사실을,

그녀의 사랑이 너를 기다리고 있다는 것을,

투우사여, 사랑이 너를 기다리고 있네.

한순간에 사람들이 침묵한다.

사람들이 침묵한다. 이 무슨 일인가.

지금부터 모두 조용히 해야 하지.

기다리던 때가 왔다.

황소가 우리를 빠져나와 돌진한다!

돌진하다 들이받는다!

말은 땅을 구르고, 피카도르는 질질 끌려간다.

"아! 잘한다, 황소야!" 군중들이 외친다!

황소가 간다... 달려온다...

달려와 다시 들이받는다!

꽂힌 작살을 흔들며,

완전히 성이 나 이리저리 날뛴다!

투우장은 피바다가 된다!

사람들은 도망친다, 철창을 넘는다!

드디어 네 차례가 왔다!

가자! 준비하라! 아!

오페라 〈카르멘〉의 진정한 주제곡

장　오페라 〈카르멘〉에서 이 인물이 등장하면 공기가 달라지죠. 투우사 에스카미요! 보통 바리톤이 등장하는 장면은 분위기가 진중해요. 부파(희극) 오페라는 반대로 웃기거나 재미있는 분위기를 연출하지만요. 그런데 에스카미요가 등장하면 분위기가 화려하게 바뀌면서 객석이 흥분된달까요? 그래서 에스카미요 캐스팅은 카르멘 못지않게 심혈을 기울입니다. 일단 등장했을 때 남성적인 매력이 한번에 확 풍겨야 하는 역할이니까요.

백　이야… 저성(低聲)의 바리톤이 등장하면서 공기가 바뀌기란 정말 쉽지 않은데 에스카미요는 그야말로 세비야의 BTS 같은 분이었죠. 지금은 좀 다를지 모르지만 스페인에서 투우사는 거의 연예인이었으니까요. 에스카미요가 무대에 등장하면 연출자들이 공통으로 성악가들에게 주문하는 연기가 있어요. 여자 합창단과 카르멘의 친구들인 프라스키타, 메르세데스가 아이돌 그룹을 따라다니는 여고생들처럼 에스카미요 주변을 둘러싸고 홀딱 반한 얼굴로 그를 우러러보도록 해요. 그래야 카르멘의 그를 향한 무관심이 좀 더 부각되어 보이기도 하니까요. 릴리아스 파스티아의 술집에서 세비야 제일의 투우사 에스카미요에게 관심을 주지 않는 것은 카르멘뿐이거든요. 천하의 카르멘이라도 오늘은 자기를 위해 감옥에 간 호세가 오는 날임을 잘 알고 있으니까요. 그런데 드라마에서도 자기에게 관심을 주지 않는 유일한 한 사람과 재벌집 아들이 사랑에 빠지는 법이잖아요? 그런 구도가 나오는 장면이 이 아리아 중간이에요.

장 　아 그래서 아리아 중간에 갑자기 뜬금없이 '그녀의 검은 눈동자가 널 지켜보고 있다' 이런 말을 하는 거군요. 언젠가 너도 나만 바라보게 될 거란 의미일까요? '사랑은 자유로운 새'라던 카르멘이 단박에 에스카미요에게 안 넘어간 이유가 있네요. 말 잘하는 사람보다 과묵한 사람에게 더 마음이 가는 '하바네라' 가사와도 연결되는 부분일 수 있겠어요. 어떻게 보면 이 아리아가 '하바네라'보다 더 유명한 것 같기도 합니다. 감히 오페라 〈카르멘〉의 주제곡이라고 할 수 있지 않을까요?

백 　카르멘 역을 하는 사람으로선 좀 김새는 얘기이긴 하지만, 유명세로 따지면 '하바네라'보다는 '투우사의 노래'가 좀 더 우위에 있지 않나 하는 생각이 들어요. 일반 콘서트에 비해 조명을 좀 더 화려하게 쓰는 오페라 같은 경우는 관객들 얼굴이 잘 보일 때가 꽤 있거든요. 특히 에스카미요가 이 아리아를 부를 때 카르멘은 에스카미요를 살짝 무시하면서 객석 쪽으로 시선을 상당히 오래 둔단 말이에요. 그럼 투우사의 노래를 듣는 관객 얼굴을 아리아 내내 바라보게 되는데, 노래에 집중하는 여성 관객들에게 이런 생각이 쑥 올라오죠. '아니 내가 아리아 열심히 부를 때는 세상 심각하더니, 왜 에스카미요가 이 아리아 부를 땐 이렇게 다들 신나신 거야, 응?' 이런 분위기는 에스카미요 역을 맡은 바리톤이 멋지게 생길수록 더하면 더했지 덜하진 않죠. 아, 솔직히 위기감 느낍니다. 앞줄에 앉으신 여성 관객분들, 그 미소 저한테도 좀 나눠주세요. 이 오페라 주인공은 저예요, 저. 오페라 이름을 에스카미요로 고치던지 해야지 원….

장 라이벌 의식 좀 느끼겠습니다, 하하. 에스카미요가 역할상 멋져 보여야 하니 신스틸러로 딱이긴 하네요.

백 한편으론 고마울 때도 있어요. 이 노래가 '집시의 노래' 바로 다음 순서거든요. 카르멘이 노래하면서 격렬하게 춤을 추고 난 뒤라 '투우사의 노래'가 나올 동안 가장 효율적으로 쉴 수 있는 시간이에요. 숨도 열심히 고르고요. 마음속에서는 '템포 좀 느리게 불러라, 나 좀 쉬게' 이런 생각도 많이 들죠, 하하. 가끔 너무 힘들면 무대 뒤로 잠시 나가 누워 있다 와요. 그래도 아무도 몰라요. 이 아리아 부를 때는 사람들이 바리톤에 진짜 집중하거든요. 그럴 땐 고맙죠.

장 관객들이 예상치 못한 카르멘의 라이벌! 고맙기도 하고 얄밉기도 할 텐데요, 혹시 감명 깊었던 에스카미요(바리톤)도 있을까요?

백　드미트리 흐보로스토브스키(Dmitri Hvorostovsky)요. 이렇게 잘생긴 에스카미요가 추파를 던지는데, 호세가 아무리 멋져도 무슨 소용이 있을까 하는 생각이 절로 들었던 성악가가 였어요. 너무 빨리 고인이 되셔서 안타깝죠. 성악가란 오디오(목소리)와 비디오(외모) 모두 중요하다는 인식을 오페라 팬들에게 가장 강하게 심어준 대표적인 성악가가 아닐까 싶어요.

장　그렇죠. 미인박명이라더니. 국내에서도 많은 바리톤과 호흡을 맞추셨을 텐데 누가 가장 멋진 에스카미요였을까요?

백　너무 위험한 질문이니까 얼른 넘어가도록 하겠습니다. 그런 거 물어보시면 큰일 납니다. 그냥 '모두 멋졌다'로 종결!

장　생각보다 간이 작은 한국의 카르멘이셨군요, 하하.

원래는 배역에 없던 에스카미요

장 타이틀 롤 주인공도 아닌데 오페라 주제가를 부르는 멋쟁이 에스카미요. 그런데 정작 원작에서는 에스카미요가 등장하지 않아요. 〈카르멘〉을 오페라로만 알다가 원작을 읽고는 깜짝 놀랐어요. 아니 이런 중요한 인물이 원작에 아예 없다고?

백 오페라 〈카르멘〉의 주요 인물이 딱 4명밖에 안 되는데, 그 중에 2명이 원작엔 없는 인물이에요. 오페라에 등장하는 주요 인물은 이래요.

자유로운 새와 같은 세비야의 집시 여인 카르멘,

서울 같은 대도시 세비야의 군부대 부사관인 호세,

천사 같은 호세의 약혼녀 미카엘라,

그리고 세비야의 멋쟁이 투우사 에스카미요.

돈 호세는 카르멘을 사랑했지만, 그녀는 투우사 에스카미요에게 마음을 빼앗겨요. 어머니의 병이 위중해서 한때 그녀를 떠나야 했던 호세는 결국 카르멘을 잊지 못하고 돌아오죠. 하지만 돈 많고 잘생긴 에스카미요를 사랑한다고 선언하는 카르멘. 소위 '올인'한 남자를 헌신짝처럼 버리고 말아요. 아니 뭐 김중배의 다이아몬드도 아니고!

장　남자 입장에서는 최악의 상황인 거죠. 나보다 못난 놈한 테라도 갔으면 '에이 저 바보! 내가 미쳤었지!' 하고 돌아설 수 있겠지만 (미카엘라도 아직 기다리겠다) 나는 군대도 탈영하고, 어머니도 못 지키고, 범죄자에 밀수꾼이 되었는데, 나보다 번쩍거리는 녀석이 나타났다고 나를 버리는 저 악마 같은 여자! 네가 내 인생을 망쳤어! 이건 그림이 확 다른 거죠.

백　어느 면에서 보더라도 에스카미요는 남자 주인공 호세와 대척점에 있어요. 돈과 인기도 많고요. 성격도 호세와는 달리 대범하고 무엇보다 남성미 철철 넘치는 매력남이에요. 심지어 호세 자신이 카르멘을 만나기 전부터 에스키미요의 팬이었던 걸로 보이는 장면이 오페라 3막에 등장하기도 해요. 이렇게 유명하고 멋진 사람이니 카르멘을 한순간에 빼앗긴다 해도 이상하지 않을 만한 적수죠. 단박에 호세를 미치게 하는데 이보다 더 적합한 인물이 있었을까요? 메리메 원작에 등장하는 카르멘이 거칠고 무서운 가르시아 같은 남편에게 돌아갔다면, 호세를 배신한 변절녀가 아닌 남편에 대한 순애보가 있는 여자겠죠. 그러면 팜므파탈은 갑자기 사라지는 거고요. 이국적이고 성격이 강한 오페라 〈카르멘〉의 음악하고는 달리 극 전개가 상당히 밋밋했을 거예요.

그러고 보니 오페라 마지막에 호세 눈이 휙 돌아서 카르멘이 칼을 제대로 맞는 유일한 방법이기도 한데요? 에스카미요가 멋지면 멋질수록 그림이 딱 완성되잖아요. 비제가 바리톤 아리아를 멋지게 쓴 이유가 있네요.

장　스페인에서 투우는 공연이기도 하고 스포츠이기도 하죠. 그 정점에 있던 게 바로 에스카미요예요. 호세가 느꼈을 자괴감과 좌절이 어렵지 않게 상상되네요. 게다가 에스카미요는 투우사 중 가장 중요하고 화려한 '마타도르'였죠. 투우사는 한 팀에 네 종류의 선수가 있어요. 처음에 등장해서 소를 경기장으로 유인하고 흥분시키는 페네오(Peneo), 말을 타고 등장해 소에게 창을 꽂는 피카도르(Picador), 소의 등에 6개의 작살을 꽂는 반데리예로(Banderillero), 그리고 드디어 한 손에 검과 다른 한 손에 붉은 천을 들고 나와 소의 목숨을 빼앗는 마타도르(Matador)가 한 팀을 이뤄요. 이 넷을 통틀어 토레아도르(Toreador)라고 부르죠. 이 아리아의 내용이 이들의 경기이고, 투우 경기의 주인공이 아리아의 제목인 거예요.

백　아리아를 들어보면 마치 투우 경기 중계 방송 같아요. 중계 방송을 보는데 노래가 흘러나오는 것 같달까요. 그래도 결론은 '투우사여, 그녀의 검은 두 눈이 너를 지켜보고 있다. 사랑이 기다리고 있다.' 멋진데 낭만적이기까지 하니 카르멘이 넘어가지 않을 재간이 없죠.

장　그런데 좀 이상하지 않아요? 피부는 검고 눈은 사시에 거짓말을 밥 먹듯 하고 남의 얼굴에 칼자국이나 내는 카르멘인데, 에스카미요는 왜 이런 위험한 여인을 밀수굴까지 따라온 걸까요?

백　저도 그 생각 많이 했어요, 스페인 투우 경기 규칙 중에 인둘토(Indulto)라는 게 있어요. 경기 내용이 훌륭하면 심판이 특별 사면 같은 것을 내리는 거죠. 끝까지 소를 죽이지 않고 경기를 아름답게 치러낸 답례로 내리는 상인데, 인둘토를 받은 토레아도르들은 무형문화재 같은 명인으로 이름을 떨치고 살아남은 소는 죽을 때까지 특별 대우를 받으며 행복한 생을 보낸다고 해요. 인둘토를 받기 위해 무리하게 경기를 길게 하다 치명적인 부상을 입는 투우사들도 많았다니, 인둘토가 투우사들에게 얼마나 중요한 영예인지는 길게 설명할 필요도 없죠.

만약 카르멘과의 사랑이 투우 같았던 거라면요? 보통 남자들이 다루기 어려웠던 카르멘과 인둘토 같은 사랑의 결말을 맺고 싶었던 에스카미요라면 그녀에게 어떤 식으로든 남다른 정성을 쏟지 않았을까요? 그녀가 오직 에스카미요에게 매력적으로 보일 수 있었던 건 검은 머리에 검은 눈동자의 여인, 투우장의 한 마리 검은 짐승과도 같은 길들일 수 없는 여인이었다는 거죠. 세비야에서 아무도 길들일 수 없던 그녀를 정성스레 길들여 좋은 경기를 한다면 또 다른 의미의 인둘토를 획득할 수 있는 그런 기회가 아니었겠나 하는 생각이 들었어요.

장 흥미로운 해석이네요. 검은 눈의 여인과 검은 소. 위험한 여인과 위험한 짐승. 그래서 그렇게 열심히 투우장 이야기를 해주느라 토레아도르 송(투우사의 노래)을 그녀에게 불러주었는지도 모르겠네요.

백 그렇게 생각한다면 〈카르멘〉 4막은 더 흥미로워요. 일단 무대 전체가 투우장 주변이고, 투우장 안에서는 인둘토를 추구하는 카르멘의 애인이 신중하게 경기를 진행하는 중이죠. 투우장 밖에는 한 마리 길들일 수 없는 새였다가 이제 검은 머리에 검은 눈동자를 가진, 경기장의 검은 소처럼 화려하게 치장한 카르멘과 언제나 경기에 서툴렀던 호세가 한판 경기를 치르기 위해 둘만 남아요.

장 마치 경기 시작 같네요. 이중창 처음 대사가 "당신이군요(C'est toi)" "그래, 나요(C'est moi)" 마치 '덤벼라' 같은 느낌이에요. 호세는 끝까지 그녀를 회유하려고 하지만 결국 그녀에게 상처받은 나머지 그녀를 찌르는 것으로 경기에 패배해요. 반면 경기장 안에서 들리는 승리의 합창은 에스카미요의 승리를 이야기하죠. 오페라는 마지막까지 호세의 에스카미요에 대한 패배로 막을 내려요. 호세가 더더욱 안됐네요.

지휘자에게는 별로 인기 없는 인기 아리아

백　지휘자들은 오페라 갈라 같은 공연에서 '투우사의 노래'를 별로 안 좋아해요.

장　아니 왜요? 곡도 시원시원하고 반응도 좋은데.

백　후렴구에 꼭 사람들이 박수 치는 타이밍이 있거든요.

장　아, 맞아요. 그런데 희한하게 중간부터 박자가 늘어지면서 갈피를 못 잡더라고요. 박수가 중구난방 막 제각기 흩어지기도 하고. 원래 템포를 자꾸 방해하니까 그럴 만도 하겠어요.

백　문제는 관객만 박자를 놓치는 게 아니라 에스카미요를 부르는 바리톤도 같이 박자가 헷갈리면서 연주가 난장판이 되는 거죠. 관객이 박수를 여기저기에서 치니까 바리톤이 이 박자를 다시 잡아주려고 노력하다 보면 노래도 흐트러지고, 지휘자가 한참 정리해서 연주하고 있는 오케스트라와도 박자가 빗나가기 시작하고. 오케스트라 따로, 바리톤 따로, 관객 따로. 이렇게 극장 안 템포가 세 갈래로 나뉘며 끝나요. 아 생각만 해도 모골이 송연해집니다.

장　바리톤보다 지휘자가 더 당황하는 순간인가요?

백　템포를 책임지는 지휘자에게는 원래 박자를 방해하는 소리라면 그게 뭐든 경계 대상이에요. 큰 박수 소리라면 오케스트라 소리도 소음에 묻히고요. 근데 꼭 박수를 유도하는 바리톤들이 있거든요. 지휘하면서 에스카미요를 슥 째려보는 지휘자도 봤어요. 다음부터 저 지휘자 공연 때는 그러면 안 된다고 얘기해주고 싶었는데, 그다음부터는 투우사로 캐스팅이 안 되더라는 무서운 후일담이….

장 '투우사의 노래'가 신나긴 너무 신나잖아요. 사실 자기 잘난 척하는 노래니까 부르면서도 기분이 좋고요. 노래하다 보면 관객석도 들썩들썩 신나는 게 보이니까 갈수록 점점 더 신나고. 그런데 좀 이상해요. 다른 아리아도 신나는 곡이 많은데 굳이 '투우사의 노래'에만 사람들이 박수를 열심히 치는 까닭은 뭘까요?

백 노래 분위기가 약간 337박수 같아요. 이겨라(짠) / 이겨라(짠) / 이기는 편 / 우리 편(짠). 응원가나 군가처럼 부르기 쉬운 4박자 계통의 곡이죠. 뭐 3박자나 4박자나 관객석에서 단체로 치면 박자 무너지는 건 매한가지지만, 하하. 4박자에 맞춰서 박수를 치면 속이 다 시원해지긴 해요. 그래도 제가 무대에서 이 아리아를 부르는 중이라면, 그리고 지휘자가 관객 박수를 싫어하는 게 확실하다면, 절대 박수를 유도하지 말아야죠. 다음 무대가 없어질 수도 있으니까요.

장 하지 말라는 일은 무대에서 안 하는 것이 성악가 인생 롱런의 중요한 요소지요, 하하. 그래도 박수를 따라 칠 만큼 신나고 인기 있는 오페라 아리아가 있다는 게 어떻게 보면 다행이에요. 오페라 아리아가 대중에게 친숙해지기란 쉽지 않은 일이니까요.

백 그렇죠. 역시 잘 쓴 작품은 수백 년 전 관객에게나 21세기의 관객에게나 변함없이 사랑받나 봐요. 박자만 조금 더 신경 써준다면 관객이 함께 참여하는 오페라 아리아도 나쁘지 않을 텐데요. 가끔은 지휘자 선생님이 이 아리아만큼은 엇나간 박자의 박수라도 눈감아주면 좋겠어요. 박수 치면서 듣는 오페라도 새로운 맛이 있으니까요. 에스카미요 파이팅입니다, 하하.

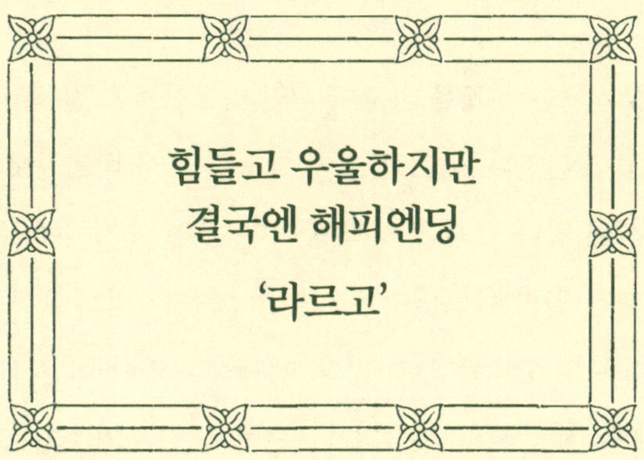

IX

작품	세비야의 이발사	Il barbiere di Siviglia
작곡	조아키노 안토니오 로시니	Gioacchino Antonio Rossini, 1792~1868
아리아	라르고	Largo

상속녀 로지나는 부모를 잃고 후견인 바르톨로의 집에서 감금당한 것처럼 살아간다. 늙고 욕심이 가득한 의사 바르톨로는 로지나의 유산이 탐나 결혼을 계획 중이다. 우연한 기회에 로지나와 사랑에 빠진 알마비바 백작은 그녀의 마음을 얻기 위해 노력하나 바르톨로의 방해로 쉽지 않다. 때마침 나타난 이발사 피가로. 바르톨로의 집을 드나들던 피가로는 백작을 도와주기로 약속하고 바르톨로의 눈을 속이고자 1막에서는 군인으로, 2막에서는 음악 선생으로 백작을 변장시켜 로지나를 만나도록 돕는다. 서로의 마음을 확인한 로지나와 백작. 백작은 로지나에게 야반도주를 제의한다. 이를 알게 된 바르톨로는 오늘 밤 결혼을 끝내버려야겠다고 결심한다. 폭풍우가 몰아치는 밤, 백작과 피가로는 사다리를 타고 로지나의 방으로 잠입하지만 눈치 빠른 바르톨로가 경찰을 부르러 간다. 그 사이 바질리오가 바르톨로와 로지나의 결혼을 위해 결혼 공증인을 데려온다. 백작은 바질리오를 위협해 공증인이 가져온 결혼 서류에 자기 이름과 로지나의 이름을 쓰고 바질리오와 피가로를 증인으로 세워 결혼에 성공한다. 로지나의 재산을 가로채지 못해 투덜거리는 바르톨로에게 백작은 그녀의 돈을 하사한다. 각자 원하는 것을 이룬 등장인물들의 즐거운 합창으로 오페라의 막이 내린다.

라르고

피가로가 자신의 유능함과 분주함을 뽐내는 유쾌한 아리아로 1막
첫 등장 장면에 나온다.

이 도시의 일꾼이 지나가신다! 길을 비키시오!

아침 해가 뜨려 하니 어서 일터로 떠나는 중이오, 빨리!

아아 유능한 이발사의 삶이란 얼마나 즐겁고 아름다운 것인지

피가로 잘한다! 피가로 만세!

도시의 종을 위해 길을 내어주십시오.

곧 가게로 떠나야 합니다. 벌써 동이 틀 무렵이네요.

아, 얼마나 아름다운 삶입니까, 얼마나 사랑스러운 즐거움입니까?

솜씨 좋은 이발사를 위해!

밤이나 낮이나 무슨 일이든 할 준비가 되어 있습지요.

이보다 더 나은 이발사의 삶이란 존재하지 않아요.

면도칼, 빗, 사혈용 칼, 그리고 가위.

내 임무를 위한 모든 것이 여기 준비되어 있죠.

젊은 아가씨들, 젊은 기사님들을 위한

특별한 모든 것이 준비되어 있습니다.

모든 사람들이 나를 찾아 헤매고 원하죠.

여자, 소년, 늙은이, 아가씨 할 것 없이

"여기 가발! 여기 면도를! 여기 거머리를 가져와!

여기 연애편지 좀 써줘 피가로!"

아아! 이게 무슨 군중인가! 이게 무슨 난리인가!

한 사람씩 제발 줄을 서시오!

헤이 피가로! 나 여기 있소!

헤이 피가로! 나 여기 있소!

피가로 여기, 피가로 저기, 피가로 위에, 피가로 아래,

빨리빨리!

나는 번개같이 움직이는 이 도시의 일꾼이라오!

이발사는 무엇을 하는 사람인가

백 '라르고'는 정말 요란한 아리아잖아요. "아아 날 찾는 사람이 너무 많아서 힘들어 죽겠네! 나는 정말 유능한 만능 해결사야!" 이런 이야기를 하고 있어요. 아무리 생각해도 이건 좀 아니지 않나요? 미용실 원장에게 모든 문제를 해결하라고 맡기지는 않는데 말이죠. 우리 피가로 선생은 허풍이 심했던 걸까요?

장 중세 근대 유럽의 이발사는 사실 사람 머리를 만지고 수염을 깎는 그런 사람이 아니었어요.

백 머리 만지는 일 외에 또 다른 일을 했다는 건가요?

장 사실 이발사는 외과 의사를 겸했어요. 본래 내외과를 막론하고 의사 역할을 하던 사람은 성직자들이었어요. 1163년 성직자의 의업이 금지되자 대신 이발사가 외과 의사 역할을 넘겨받게 된 거죠. 이 외에도 사혈(치료 목적으로 혈액을 빼는 일), 진찰, 관장, 발치나 필요에 의해 수족 절단을 해야 할 일이 생기면 이발사가 머리빗을 내려놓고 뛰어들었다는군요.

백 수족 절단이라니 갑자기 피가로가 너무 달라 보이는데요.

장 누군가는 해야 할 일이고, 그걸 맡은 이가 하필 이발사였어요. 기록을 보면 의사가 해야 할 일은 다 한 것 같아요.

째고 봉합하는 외과 일은 물론이고, 내과적 병을 진단할 때 사람들의 오줌을 받아 감별하는 일 그리고 이를 뽑는 일까지도요.

백 가사에 보니까 "거머리를 가져와!"라는 대목도 있던데, 그것도 진료의 일부였을까요?

장 옛날에는 사혈을 위해 거머리를 썼다는군요. 유럽은 중세 시대부터 사혈 치료가 전성기를 맞았기 때문에 거머리는 이발사들의 중요한 치료 도구였어요. 이발소 간판에서 그 흔적을 엿볼 수 있어요.

백 이발소 간판에서 거머리를요?

장 빙글빙글 돌던 이발소 앞 회전 간판 기억나시죠? 간판이 없던 중세 시대에도 어떤 가게인지 표시할 필요는 있었어요. 간판을 대신해 가게에서 쓰는 물건을 가게 앞에 내놓곤 했는데, 당시 이발사에게 가장 큰 수입원은 사혈이었어요. 그래서 피를 받아내는 동안 환자가 잡고 있는 놋쇠봉, 그 위에 거머리가 잔뜩 담긴 둥근 통, 아래엔 피를 받아내는 납작한 그릇, 사혈이 끝나고 쓰는 하얀 붕대 등을 가게 앞에다가 내놓은 거죠. 그게 다 합쳐져 현대의 이발소 회전등이 등장한 거예요. 돌아가는 기둥은 놋기둥 모양을 본떴고, 중간에 돌아가는 부분은 각각 동맥과 정맥이에요. 빨간색과 파란색요. 그리고 흰색은 붕대를 표시한 거고요. 위에 얹힌 동그란 모양 있죠? 그게 거머리 그릇이고, 기둥 아래 납작 붙어 있는 게 피를 받아내던 그릇이에요.

백 이제서야 이해가 되네요. 늘 이발소 간판은 왜 저렇게 특이하게 생겼을까 의문이었거든요. 그렇다면 피가로가 '라르고'를 부를 땐 멋진 수트보다는 피가 군데군데 묻은 수술 앞치마를 입는 편이 더 맞는 게 아닌가 싶기도 하네요.

장 정말 그럴지도 모르죠. 이발사 일보다 의사 일이 더 잘된다면 그게 맞아요. 잘되는 이발소라면 하루가 바쁘게 갈 거예요. 여기저기서 사혈해줘요, 이 뽑아줘요, 가발 씌워줘요 하면 1인 6~7역을 해야 하니 바쁘다고 투덜대도 이해가 됩니다. 게다가 피가로가 자기 입으로 똑똑하고 유능한 이발사였다고 했으니 더 말할 필요도 없죠. 유명한 의사나 헤어 디자이너를 만나려면 몇 달 전에 예약하는 것처럼요. 한 사람이 여러 일을 해야 하니 요란한 아리아가 등장해도 이상하지 않네요.

백 고되게 일한 만큼 정말 떼돈을 벌어야 하지 않을까 싶은데요. 그야말로 사람의 머리끝부터 발끝까지 책임지는 직업이잖아요. 한국에서 의사는 돈을 많이 버는 직종인데, 당시 이발사 의사 역시 돈을 많이 버는 인기 직업이었나요?

장 글쎄요. 정확한 수입이야 모르지만 대략 짐작할 수는 있어요. 베토벤이 "지금까지 살아왔던 작곡가 중 가장 위대한 작곡가"라고 불렀던 인물과 이발사가 관련이 있어요.

백 오! 헨델이 원래 이발사였나요?

장 헨델의 아버지요. 우리가 아는 위대한 작곡가 게오르크 프
리드리히 헨델의 아버지 게오르크 헨델이 이발사이자 외
과 의사였어요. 헨델 아버지는 이발사가 되기 위해 견습생
생활을 시작했어요. 지금도 그렇지만 당시에도 견습생, 도
제의 과정을 거쳐 장인이 되는 것은 쉽지 않았어요. 게다
가 장인의 자리는 나라에서 엄격하게 관리했기 때문에 그
수가 많지 않았거든요. 가족 관계에서만 물려줄 수 있었던
이발사 의사의 장인 자격을 취득하기 위해 그는 21세의 나
이에 12살이나 연상이었던 이발사의 미망인 안나 카테와
결혼해요. 그래도 둘은 사이가 좋았나 봐요. 나이 차이에
도 불구하고 둘 사이에 6명이나 되는 아이가 태어났죠. 안
나는 헨델의 아버지와 39년을 해로하고 72세의 나이로 사
망해요. 홀아비가 된 아버지 헨델은 이듬해에 29세 연하의
루터교 목사의 딸인 도로테아 타우스트와 결혼했고, 그들
의 첫 아들 헨델이 1685년에 태어나요. 아버지 헨델이 63
세 되는 해였죠.

백 위로 12살, 아래로 29살, 무려 41세의 나이 차를 극복한 거
네요. 도제 과정을 거치고도 가족 관계가 아니면 장인 자
격을 얻을 수 없을 만큼 되기 힘든 외과 의사라면 수입도
요즘 의사들처럼 좋은 편이 아니었을까요?

장 아버지 헨델의 수입이 기록에 남아 있진 않지만, 그렇지
않았을 가능성이 높아요. 첫째로는 이발사이자 의사로 일

하면서도 '노란 사슴'이라는 선술집을 함께 운영한 것, 둘째로는 늘그막에 얻은 귀한 아들 헨델이 이발사 의사가 아닌 법조인이 되기를 바랐던 것이 그 이유예요. 헨델은 물론 둘 다 관심 없었죠. 하도 음악을 좋아해서 피아노의 초기 모델인 클라비아 코드를 너무 쳐대니까 아버지 헨델이 악기를 다락방에 숨겨뒀대요. 헨델은 온 가족이 잠든 사이 몰래 다락방에 가서 악기 연주를 했다는군요.

백　그러게 자식 장래는 부모가 결정할 일이 아니라니까요. 아버지 헨델은 돈도 돈이지만 '라르고' 아리아의 한 대목처럼 "피가로 여기! 피가로 저기!" 하고 사람들이 자기를 찾는 것이 평생 지겨웠던 게 아닐까요? 게다가 선술집까지 운영했으니 머릿속에 "헨델 여기 한잔! 헨델 저기 한잔!" 하는 소리까지 가세했을 거고요. 돈도 좋지만 눈에 넣어도 아프지 않을 손주 같았던 아들에게 자기와 다른 삶을 주고 싶었는지도 모르죠.

백 바쁘게 사는 건 피가로가 1등일 것 같았는데, 〈세비야의 이발사〉를 공부하다 보니 정말 외계인이 아닐까 싶은 사람을 맞닥뜨렸어요.

장 몸이 수십 개라도 모자라던 피가로보다 더 많은 일을 했다는 말씀인가요?

백 게다가 하는 일마다 다 잘해서 너무 놀라웠다니까요. 공식적으로 음악가, 시인, 사업가, 발행인, 극작가, 원예가, 외교관, 금융인, 시사 평론가, 무기 거래상, 간첩, 시계 제작자 총 12개 과업을 달성했어요. 거짓말이 아닐까 싶은데 다 사실이에요.

장 이런 사람이 존재한다면 피가로 정도는 아무것도 아니겠네요. 누구신가요?

백 앞서 말한 보마르셰 3부작 〈세비야의 이발사〉, 〈피가로의 결혼〉, 〈죄 많은 어머니〉를 집필한 피에르 보마르셰요. 커리어의 시작은 착한 공대생 같았죠. 유능하고 부유한 시계공 아버지 슬하에서 자라 어릴 때부터 문학과 음악 교육도 제대로 받았어요. 아버지에게 시계 제작 기술을 배워 21세 때는 시계 톱니바퀴 회전 속도를 고르게 하는 탈진기(脫進機)를 발명했죠.

장   21세에 중요한 발명이라. 아버지가 무척 뿌듯하셨겠어요.

백   그야말로 엄친아 같은 아들이 아니었을까요? 말 그대로
      청출어람. 하지만 다른 시계공들이 이 기술을 탐내는 바람
      에 수년에 걸친 소송전을 치르게 돼요. 결국 탈진기의 사
      용권을 찾아오고, 이를 계기로 루이 15세의 시계 납품업자
      가 되죠. 하지만 시계가 지긋지긋해진 것인지 다른 예술적
      인 기계로 눈을 돌리게 됩니다.

장   예술적인 기계라면 악기를 말씀하시는 건가요?

백   맞아요. 음악에도 남다른 재능이 있었으니 저절로 관심을
      두게 되었겠지요. 하프는 손으로 연주하는 것이 대부분 같
      지만 사실 페달이 엄청나게 중요한 역할을 하거든요. 이
      페달 밟기의 어려운 점을 보완하는 페달 개선 장치를 개
      발해 연주를 쉽게 만들어준 게 보마르셰예요. 루이 15세는
      이 능력 있는 청년을 그의 네 딸의 하프 선생으로 임명했
      어요. 음악적 소양도 뛰어났던 그는 곧 왕실의 음악 고문
      으로 임명돼요. 그의 나이 25세예요.

장   왕실 시계 납품업자에서 왕실 음악 고문이라. 한 사람이
      한 가지만 열심히 해도 인생에 한 번 일어날까 말까 한 일
      을 젊은 나이에 두 개씩이나 해내다니 대단하네요.

백   일단 궁에 입성한 그는 인맥을 넓히기 시작해요. 유능한
      사업가였던 왕실 재정 담당 조세프 파리스 뒤베르니를 만
      나죠. 이 비범한 젊은이의 재능을 알아본 그는 보마르셰를

사업의 세계에 뛰어들도록 만들었고, 보마르셰는 몇 년이
지나지 않아 큰 부자가 되었다고 합니다. 보마르셰는 당시
돈으로 살 수 있었던 '왕실 식자재 담당관직', '왕실 수렵 담
당 관직', '왕실 비서관직'까지 차례로 사들이죠.

장 관직에 목숨을 건 성공 지향적 인물처럼 느껴져 무섭기도
하네요. 능력이 많은 건 좋은데 욕심이 너무 많았던 게 아
닐까요?

백 맞는 말씀이에요. 사실 보마르셰는 그의 결혼도 신분 상승
에 이용했거든요. 무려 10세 연상이자 대단한 부호의 미망
인인 매들린 오스탱과 첫 결혼을 했어요. 결혼 1년 만에 그
녀가 갑자기 사망해 사람들은 그녀의 재산을 노린 젊은 보
마르셰를 의심했어요. 재산을 둘러싼 소송도 이어졌죠. 두
번째 결혼한 레버크 부인도 부유한 미망인이었는데, 이 부
인과는 아들딸도 두었어요. 하지만 자녀들은 어릴 때 모두
사망하고 부인도 결혼 2년 만에 사망해요. 안 그래도 의심
받던 보마르셰는 레버크 부인의 가족들에게 소송을 당하
게 됩니다.

장 갑자기 이야기 장르가 히어로물에서 스릴러물로 바뀌는
데요? 만나는 부인마다 사망이라니 무슨 보험 사기도 아
니고!

백 300년 가까이 지난 지구 반대편 사람들도 이렇게 생각하
는데 당시 유럽 사람들은 어땠겠어요. 하지만 더 큰 사망

사건이 있었으니 바로 사업가 뒤베르니의 죽음이었어요. 뒤베르니와 보마르셰는 함께 사업을 하고 있었는데, 확실한 정경유착이랄까요? 왕실 전쟁 담당관이었던 보마르셰는 이 핑계로 스페인 마드리드로 건너가서 10개월이나 체류했대요. 스페인을 배경으로 하는 보마르셰 3부작은 이때의 기억을 살려 쓴 것이라고 전해지기도 하죠. 그곳에서 보마르셰는 스페인의 식민지였던 미국 루이지애나에서 노예를 거래하는 권리를 가져오려고 애썼다는군요. 노예 매매란 당시 큰 이권을 주는 사업 아이템이라 보마르셰와 뒤베르니가 많은 공을 들여요. 그러나 프랑스 전쟁 담당관인 보마르셰가 나랏돈으로 해외에 체류하며 할 일은 아니었던 거죠. 사업이 잘됐으면 보마르셰 직업이 하나 더 늘어날 뻔했네요. '노예상'으로요.

장 그의 인생이 점점 장르를 알 수 없는 영화처럼 변하네요.

백 무슨 이유에서인지 보마르셰는 뒤베르니에게 7만 5천 프랑이라는 막대한 돈을 빚졌는데, 뒤베르니가 갑자기 사망하게 돼요. 그리고 보마르셰가 법원에 제출한 서류에는 '보마르셰의 7만 5천 프랑을 탕감하고 1만 5천 프랑을 지급한다'라는 내용이 적혀 있었죠. 뒤베르니의 상속자 블랑셰 백작은 이 서류가 위조된 것이라며 또 소송을 제기해요. 소송에 이기기 위해 무엇이든 할 요량이었던 보마르셰는 판사의 부인을 매수하려다 실패하고, 이것이 밝혀지는 바람에 재판에서 크게 패소합니다. 분노한 보마르셰는 당시 재판관 괴즈만의 아내를 비판하는 4편의 진정서 《괴즈만의 기억》을 발간하는데, 이것이 또 명문이라 대중은 보마르셰의 편을 들고 볼테르도 관심을 기울였다고 하죠. 무려 독일의 괴테가 이 사건을 주제로 《클라비고》라는 작품을 썼고요. 워낙 흥미로운 사건과 인물이라 이 작품은 큰 성공을 거두었다고 하죠. 이 사건으로 결국 보마르셰는 감옥에 가게 됩니다. 하지만 여기서 실망할 보마르셰가 아니죠?

장   아니 이야기가 또 있어요? 한 사람 인생인지 열 사람 인생인지. 무슨 이런 큰 사건이 연속해서 터지나요.

백   큰일이긴 한데, 저는 이 다음 직업을 보고 한참 웃었다니까요. 감옥에서 나온 보마르셰도 이제 나라에 도움이 될 만한 일을 해야 하지 않겠어요? 그는 스파이가 되어 정부를 도와요.

장   이제는 조금 황당하기까지 하네요. 발명가, 음악가, 관료, 사업가를 거쳐 스파이라니.

백   프랑스와 스페인의 지원을 받아 미국 독립군을 도왔다는군요. 해외에서 떠도는 국왕의 애첩에 대한 나쁜 소문을 잠재우러 다니기도 했고요. 정말 드라마틱한 인생이죠.

장   잠깐. 이렇게 왕실에 충성하면서 살았던 인물이 프랑스 혁명의 불씨인 보마르셰 3부작을 썼다는 말씀인가요? 앞뒤가 맞지 않는 것 같습니다만.

백 보마르셰는 오랜 기간 두 귀족 처가와 뒤베르니 가문과의 소송으로 많은 고초를 겪었어요. 권위적이고 말이 통하지 않는 귀족들을 보며 보마르셰는 봉건 체제에 대해 염증을 느꼈을 거예요. 성공적인 시계공 집안에서 자라 생활에 어려움은 없었다 해도 여전히 그는 평민 신분이었어요. 열심히 노력해서 귀족 사회에 합류해보려고 했지만, 평생 부인들을 죽였다는 의혹에 시달려야 했죠. 귀족인 동업자를 살해하고 문서를 위조했다는 누명을 써 감옥까지 갔단 말이죠. 평민이 아니라 귀족이었다면 겪지 않을 억울한 일들이 있을지도 몰라요. 사실만 놓고 보면 저부터도 '어? 돈을 노리고 정략 결혼을? 빚을 졌으니 동업자를 계획 살해?' 이런 의심이 든다니까요. 하지만 보마르셰의 두 번째 부인의 경우에는 확실히 결핵으로 사망했고, 나머지 사건들도 보마르셰가 의심받을 만한 증거가 발견된 적은 없어요. 게다가 남겨진 기록들로 미루어보아 그는 주변 사람들을 살뜰히 챙기는 사람으로 알려져 있거든요.

장 하긴 옛날 사람들이 지금의 현대인들보다 일찍 병사하는 일이 많았으니 자연사일 가능성도 있네요. 정황이 의심스러워 이야깃거리가 되긴 했지만요. 억울하기가 친구인 줄 알았던 알마비바 백작에게 약혼녀를 빼앗길 뻔한 피가로와 맞먹네요.

혁명의 불씨, 피가로

백 억울한 마음을 가득 담아 작품을 써내려갔으니 대중의 공감을 살 만합니다. 당시에 프랑스 제3신분인 평민은 귀족과 성직자인 1, 2신분에 비해 곤궁하고 억울한 삶을 살았어요. 온 나라가 빈곤에 시달리는 동안에도 왕실은 끊임없이 사치를 부려 국민들의 원성이 자자했죠.

장 루이 16세의 왕비 마리 앙투아네트가 "빵이 없으면 케이크를 먹으면 되잖아?"라고 말한 소문이 퍼지면서 왕실과 평민의 골은 점점 깊어져 갔죠. 나중에 헛소문으로 밝혀지긴 했지만요. 그런데 보세요. 주인공인 피가로의 능력이 출중했어도 여전히 귀족 사회를 넘볼 수 없는 〈춘향전〉의 방자 같은 존재로 머물잖아요. '라르고' 가사처럼 여기저기 불려가서 열심히 일을 해도 백작의 부와 명성에는 절대 범접할 수 없는 운명이에요. 능력 있는 이가 열심히 일해도 당시 프랑스 사회라면 굶어 죽을 위기에 처할 수밖에 없었던 거죠. 게다가 친구와도 같은 백작에게 약혼녀를 뺏길 뻔하는 큰 배신을 당하기도 해요. 보마르셰가 겪었던 억울한 심정이 피가로라는 캐릭터 안에 모두 담겨있는 것 같지 않나요? 또 백작을 보면서 귀족의 부당함을 다시 느끼고, 피가로의 재치를 보면서 '우리도 저렇게 귀족에게 한 방 먹일 수 있는데'라며 당시 민중들 역시 생각할 수 있단 말이죠. 민중이 각성하게 되면 혁명이 일어날 가능성이 커지죠.

백 〈피가로의 결혼〉 중에서 피가로가 했던 말이 생각나요. 오페라에는 등장하지 않지만 원작에 등장했던 유명한 대목이죠.

"당신네들 귀족들은 자신이 위대한 천재인 줄 안다. 당신들이 향유하는 재산이나 지위를 감안하면 콧대가 높을 만도 하다. 하지만 당신들은 당신들이 누리고 있는 것을 누릴 자격을 얻기 위해 무엇을 했는가? 응애하고 울면서 태어난 것밖에 더 있는가. 귀족의 자식으로 태어난 것을 제외하곤 당신들은 매우 평범한 인간들이다."

나폴레옹은 보마르셰의 〈피가로의 결혼〉을 두고 "혁명 이전에 이미 실행에 옮겨진 혁명"이라고 말했어요. 프랑스 대표 일간지 〈르 피가로〉가 그의 이름을 딴 것은 놀랍지 않은 일이죠. 프랑스의 근현대 사회는 피가로의 불씨 위에서 세워진 사회니까요.

장 억울한 일들을 심각하지 않고 유쾌한 태도로 해결하는 피가로가 참 멋지다는 생각이 드네요. 피가로의 이런 태도는 〈세비야의 이발사〉에서도 동일하지요. 현명하고 여유 있다는 증거예요. 결국 자기가 승리할 거라는 걸 알고 있는 승자의 태도!

백 "아이구 힘들어 죽겠네!" 하고 투덜대는 아리아 같지만 자세히 들어보면 "정말 멋진 이발사의 삶이 아닌가!" 하며 즐겁게 노래하는 장면이에요. 어려움도 즐겁게 받아들일 줄 아는 본받을 점이 많은 사람이란 생각이 들어요. 워낙 발랄한 캐릭터라 만화나 코미디 영화에도 많이 등장하죠.

장 힘든 일이 유난히 많은 요즘 한국 사회에 필요한 아리아가 아닐까 하는 생각이 드네요. 힘들고 우울하지만 나는 결국 승리하리라! 바쁜 것도 고맙고, 불러주는 이들이 있어서 행복하고! 브라보, 피가로! 피가로에게 브라보를 외치면서 우리 자신에게도 브라보를 한 번씩 외쳐보는 건 어떨까요?

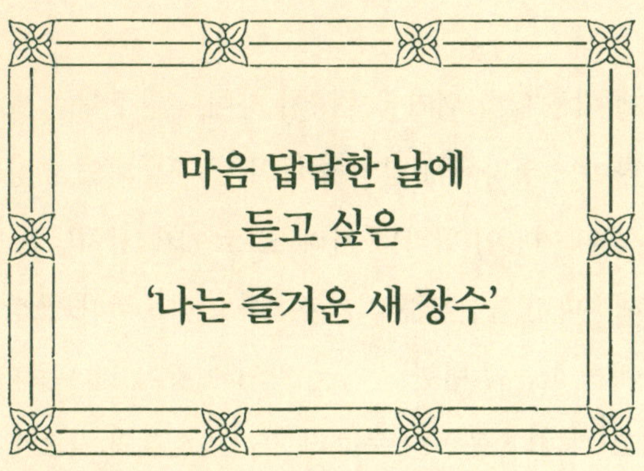

X

마음 답답한 날에 듣고 싶은 '나는 즐거운 새 장수'

작품	마술피리	Die Zauberflöte
작곡	볼프강 아마데우스 모차르트	Wolfgang Amadeus Mozart, 1756~1791
아리아	나는 즐거운 새 장수	Der vogelfänger bin ich ja

큰 뱀에게 해를 당할 위기에서 왕자 타미노를 구해준 세 시녀들. 이들은 타미노 왕자에게 밤의 여왕의 딸 파미나의 초상화를 보여준다. 밤의 여왕이 나타나 자라스트로에게 납치당한 딸 파미나를 구해온다면 둘을 결혼시켜주겠다고 약속한다. 초상화를 보고 그녀에게 한눈에 반한 왕자는 밤의 여왕이 건네는 마술피리를 가지고 파미나 공주를 구하러 자라스트로의 성으로 출발한다. 밤의 여왕과 세 시녀에게 새를 잡아 팔고 있는 새 장수 파파게노. 세 시녀가 왕자를 구하느라 물리친 큰 뱀을 자기가 물리쳤다고 허풍을 부린 죄로 이 여행에 동행하게 된다. 두 남자는 자라스트로의 거처에 잠입한다. 자라스트로가 악인이 아닌 의인이며, 사악한 밤의 여왕으로부터 파미나를 데려와 보호해주고 있다는 사실을 알게 된다. 첫눈에 사랑에 빠진 타미노와 파미나는 침묵과 불, 물의 시험을 극복하고 마술피리의 힘을 빌려 사랑을 이루는 데 성공한다. 타미노 왕자와 동행한 파파게노도 그와 꼭 닮은 귀여운 아가씨 파파게나를 만나 사랑에 빠진다. 사악한 밤의 여왕과 그녀의 부하들은 지옥으로 떨어지고 오페라의 막이 내린다.

나는 즐거운 새 장수

파파게노가 등장할 때 부르는 아리아. 자신이 얼마나 능숙한 새 사냥꾼인지 자랑한다. 하지만 새 잡는 일보다는 얼른 장가를 가고 싶어 하는 노총각 사냥꾼의 본심이 드러나는 경쾌한 노래다.

나는 즐거운 새 사냥꾼.

내 인생은 항상 즐겁고 신나지!

나는 그야말로 누구나 다 아는

유명한 새 사냥꾼이란 말입니다.

교묘하게 새 덫을 놓는 방법도 알고,

피리를 불어 자유자재로 새들을 유혹해

내 것으로 만들 수도 있지.

이 세상 새들은 모두 나의 것!

하지만 내가 진짜 그물로 사로잡고 싶은 것은

아리따운 소녀들이라오!

할 수만 있다면 열두 명씩이라도 한꺼번에 잡아

우리 집에 데려다 놓고 문을 잠가버리고 싶어.

그러면 그 소녀들은 모두 내 것이 될 텐데.

소녀들이 모두 내 것이 된다면

나는 그들을 모두 달콤한 설탕으로 바꾸어

나를 가장 사랑하는 소녀에게 다 줄 테다.

그녀가 나에게 키스해준다면

나는 그녀의 남편이 되고

그녀는 나의 아내가 되리.

그녀는 내 품에서 잠들고

나는 그녀를 아이처럼 토닥여주리라.

옆집 노총각 파파게노

장 파파게노는 우리나라로 치면 농사짓는 농촌 총각, 순박하고 착하면서 우직한 그런 사람이 아니었을까 싶어요. 본 적은 없으나 옛날 영화 〈뽕〉에 등장할 법한 그런 사람요. 오페라에선 새를 잡았지만 한국에서라면 뽕나무 키우고 누에 치는 일을 하지 않았을까요?

백 영화 〈뽕〉을 언급하시니 갑자기 오페라 장르가 바뀌는 것 같은데요? 저는 드라마에 자주 등장하는 '어리숙한 동네 형' 이미지가 아닐까 잠시 생각했어요.

장 대충 이미지가 들어오죠? 순박하고 우직한, 그러면서도 장가는 가고 싶어 하는 시골 노총각이죠. 〈돈 조반니〉의 레포렐로나 〈춘향전〉의 방자 같은 이미지가 떠오르기도 하고요.

백 대중들이 왕자 타미노보다 더 친밀하게 느낄 수 있는 인물이네요. 아무래도 왕자님보다는 옆집 형이 더 현실감 있고 가까우니까요.

장 〈돈 조반니〉에 조반니가 무대에 등장하면 관객들이 좋아하면서도 약간 긴장하잖아요. 또 무슨 사고를 치려고? 하는 생각부터 들고요. 하지만 레포렐로가 등장하면 마냥 즐겁죠. 자기 주인이 지금껏 만난 여자가 몇 명인지 세는 노래를 불러서 사람들을 웃게 만들고요. 오페라가 심오할수록 이런 인물들이 상당히 중요한 것 같아요. 어쩌면 오페라의 승패를 좌우하는 오페라 무드 체인저들?

백 극의 분위기를 바꾸어놓는 역할은 과거에도 현재에도 중요한 요소예요. 저는 이런 역할을 하는 영화배우들을 참 좋아해요. 생각해보세요. 〈타짜〉, 〈파묘〉 같은 영화에 유해진 배우가 나오지 않았다면 분위기가 어땠을지요. 물론 극의 큰 내용이나 흐름은 변하지 않겠지만 완전히 다른 영화였겠죠. 심각하고 무서운 내용이라도 중간에 한번씩 실없는 웃음을 주는 신스틸러가 꼭 필요하다고 생각해요.

장 18세기 고전주의 시절에 유해진 배우라. 〈타짜〉의 명대사 "땡이냐 땡이냐"가 생각나네요. 테너 아리아로 만들어도 참 재미있을 대사예요. 극 중에서 말도 많으니까 로시니 스타일로 아질리타※ 넣어서요, 하하.

백 지금 말한 영화들이 코미디 영화도 아닌데, 유해진 배우가 여러 장면에서 신스틸러로 등장하니 지루하지가 않더라고요. 새 장수 파파게노도 이런 역할을 충분히 잘해줘서 오페라를 성공으로 이끄는 데 일조하지 않았나 싶고요. 타미노 왕자가 분위기 못 맞추고 가끔 좀 멍한 순간이 많아서 파파게노 몸 개그가 오페라에서 더 빛났던 게 아닐까요?

※ Agilita. 음을 위아래로 빠르게 오르내리는 창법을 말한다.

왜 하필 새 장수일까?

장 그런데 왜 파파게노 직업이 하필이면 새 장수일까요? 게다가 온몸에 깃털이 가득하잖아요. 타미노 왕자가 "너는 사람이냐 짐승이냐" 묻는 것을 보면 깃털이 그저 옷이 아니라 몸의 일부인 것 같다는 의심을 하게 돼요. 가지고 다니는 새장을 보면 잡은 새들이 또 식용 새는 아닌 것 같다는 말이죠. 대체 이 순박한 새 인간의 정체는 뭘까요?

백 새 인간은 신화나 설화에 자주 등장하는 캐릭터예요. 중력의 영향을 받지 않고 하늘을 나는 새는 고대인들에게는 신과 가장 가까운 존재였을 거예요. 그리스신화에 하피라는 인면조(人面鳥)가 있어요. 아버지는 바다의 신들 중 하나이자 가이아와 폰토스의 아들인 타우마스고, 어머니는 바다와 호박빛 구름의 여신 엘렉트라예요. 베르길리우스의 서사시 《아이네이스》에서 악역으로 등장하기도 하죠.

장 인면조 하니까 지난 2018년 평창 동계올림픽에 등장했던 인면조가 떠오르네요. 배일환 미술 작가가 덕흥리 고분벽화에 그려진 인면조와 청룡, 백호, 주작, 현무 등의 성스러운 동물들을 등장시켜 주목을 받았죠. 고려시대에 하늘과 땅을 이어주는 새로 알려진 인면조가 다른 전설의 동물들과 평화롭게 노는 장면을 연출해 세계 평화를 염원하는 퍼

포먼스로 많은 사람들에게 깊은 인상을 남겼죠.

백 저는 동계올림픽 인면조가 목이 좀 심하게 길고 얼굴은 탈을 쓴 형상이라 처음엔 좀 기괴하게 느껴졌어요. 그런데 자꾸 보니까 귀여운 구석도 있더라고요. '하늘과 땅을 잇는다지만 목이 길어서 날기는 좀 힘들겠네' 하는 생각도 들고. 그런데 파파게노에 비교하자니 이 인면조는 하는 일도 그렇고 훨씬 엄숙한 스타일이군요?

장 동양에서 반인반수는 서양의 그것보다 훨씬 신성한 존재였던 것 같아요. 물론 흉조로 나타나는 반인반수도 있지만, 많은 경우 평화가 오거나 큰 인물이 세상에 태어날 때 보이는 거국적인 존재였죠.

백 파파게노가 동양으로 이사 왔으면 좀 더 대접받았을지도 모르겠네요. 밤의 여왕 말고 선덕여왕이나 고구려 유리왕한테 새를 잡아 바쳤더라면 말이에요, 하하. 그러고 보니 유리왕한테는 파파게노가 정말 필요한 존재였을지도 몰라요. 그의 두 애첩 화희와 치희가 질투심 때문에 끝도 없는 싸움을 하다 치희가 중국 친정으로 돌아가 버리잖아요. 이때 치희를 다시 데려오지 못하고 유리왕이 그녀를 그리워하면서 쓴 시가 〈황조가〉예요. 그런데 사실 황조가 그냥 다정하기만 한 새가 아니고, 잡아먹으면 불같은 질투의 마음을 사라지게 하는 새였대요. 어떤 새도 쉽게 잡는 파파게노가 유리왕에게 황조를 잡아다 바쳤다면 밤의 여왕이

주는 와인과 음식 따위 말고 대궐 같은 집과 보물을 얻었
을지도 모르겠는데요?

장 하하하. 파파게노와 유리왕이라, 정말 특이하고 재미있는
조합이네요. 어쩌면 파파게노는 이집트로 치자면 매의 머
리를 한 창조신 '라'나 '호루스'의 자손이거나 그리스신화
속 바다와 구름 신의 후손일지도 몰라요. 출생의 비밀을
지니고 몰래 키우던 신의 아들쯤 되지 않을까 하는 즐거운
상상도 해봅니다. 출생의 비밀이라고 하니 스토리를 좀 더
엮어서 〈마술피리〉 스핀오프로 만들어도 흥미진진한 오페
라가 탄생하지 않을까요?

백 오페라를 보면 자라스트로가 이시스와 오시리스 신에게
기도하는 장면이 나오잖아요. 오페라의 배경은 이집트의
신을 섬기는 자라스트로와 그의 적인 밤의 여왕의 대립 구
도이고요. 만일 이시스와 오시리스의 조상 격인 라의 후손
을 밤의 여왕이 훔쳐 와서 키웠다? 혹은 박혁거세처럼 알
에서 태어났는데, 그 알을 훔쳐다가 새 장수로 구박하며
키웠다? 이런 이야기라면 영화로 만들어도 재미있을 것
같은데요?

장 장르가 공상, 과학, 판타지, 납치 스릴러에… 끝없이 복잡하
네요.

백 실험적인 대본가, 작곡가라면 해볼 만하죠. 전 찬성.

장 빨리 본론으로 돌아와야겠습니다. 어쨌든 우리 파파게노

는 자세히 알 순 없으나 뼈대 있는 새 가문에서 태어난 베
일에 싸인 신비스러운 옆집 노총각 같은 존재군요. 이 오
페라에 등장하는 많은 인물이 그렇지만 저는 파파게노가
선인이나 악인으로 확실하게 설정되어 있지 않아서 오히
려 좋았어요. 가끔 선 넘는 허풍과 꾸밈없는 흑심이 귀엽
기까지 하더라고요. 오페라 초반부터 잡지도 않은 뱀을 잡
았다 하질 않나. 거기서 그치지 않고 뱀을 죽였다고 구체
적으로 거짓말을 하잖아요. 또 자신에겐 '거인 같은 힘'이
있다고 허풍을 부리기도 하고요. 딱 유해진 배우가 능청맞
게 연기하면 웃긴 장면인데.

백　머릿속에 그려지네요, 하하. 나중에 기회가 닿으면 한번 부
탁드려야겠어요. 노래도 그렇게 어렵지 않으니까 정말 재
미있게 해볼 수 있지 않을까요? 허풍도 허풍인데, 저는 '나
는 즐거운 새 장수' 아리아 가사를 보고 정말 깜짝 놀랐잖
아요. 아무리 노총각이라지만 아가씨를 12명이라도 잡아
서 집에 데려다 놓고 문을 잠가버리고 싶다니. 이 정도면
심각한 납치 사건이잖아요? 게다가 누가 자기에게 키스라
도 해준다면 맛있는 것도 주고 부인으로 삼아서 예뻐해주
겠다뇨. 허풍과 범죄와 희망과 사랑이 넘치는 아주 복잡한
상황입니다. 적어도 저에게는요.

장　앞서도 이야기했지만 장르가 한번에 정의되지 않는 오페
라임은 분명합니다. 사실 자라스트로도 이러니저러니 해

도 어머니로부터 딸을 강제로 납치한 납치범이고요. 밤의 여왕이 사악하다고는 하지만 남편을 자라스트로에게 잃었다는 이야기가 있고, 딸마저 납치당한 상황이에요. (표독스러운 아리아를 부르는 캐릭터이긴 해도) 입장 바꿔 생각해보면 당연한 반응이 아닐까요? 파미나가 착한 것 같아도 우유부단한 모습을 많이 보인 데다, 용감하게 파미나를 구하러 가는 타미노도 오페라 초반에는 뱀이 나오자마자 기절하는 유약한 캐릭터예요. 따지고 보면 파파게노뿐만 아니라 모든 캐릭터가 일관적이지 않다는 거죠.

백 마냥 판타지 오페라 같지만 지금까지 본 오페라 중 어쩌면 우리 인생과 가장 비슷한 인물들이 등장하는 작품이군요. 우리 삶이 그렇듯 세상 사람들이나 세상 돌아가는 일들이 언제나 흑과 백으로 나뉘지는 않으니까요. 예전에는 아리스토텔레스의 《시학》을 기초로 해 연극을 많이 썼어요. 대부분 '일관성'에 대한 가치를 높혀 극을 전개한 것에 반해 〈마술피리〉는 어쩌면 파격적으로 이 일관성을 무시한 거죠. 저도 가끔 〈마술피리〉를 보면서 '아니 쟤는 갑자기 왜 저래?' 하고 갸우뚱하는 경우가 있으니까요. 당시 관객들에게는 상당히 신선했을 수도, 기가 막혔을 수도 있겠다 싶어요.

장 옳고 그름을 잠시 잊고, 진짜 자기 마음속 이야기를 하는 대표적인 오페라 캐릭터죠. 일반적으론 "난 정말 여자친구

사귀고 싶어"라곤 얘기해도 "예쁜 여자를 한 다스 방에 잡아다 놓고, 그중 제일 친절한 여자하고 결혼하고 싶어"라고까지 얘기하지는 않잖아요? 하지만 파파게노는 이걸 아예 아리아로 자랑스럽게 부르는 수준이니 정말 하고 싶은 이야기는 다하고 사는 사람인 거죠.

백 "넌 속병 안 걸리겠다, 하고 싶은 소리 다하고 살아서." 이런 말 듣고 사는 사람들이 있죠. 반면 죽어도 속에 있는 말 못 하고 사는 분들도 많고요. 무대 위에서 자기 하고 싶은 이야길 다하는 사람을 보며 대리만족했던 관객들이 있어 〈마술피리〉가 잘된 걸지도 몰라요. 재미있는 건 이 대본을 쓴 사람이 바로 극장장이자 파파게노를 초연한 에마누엘 쉬카네더(Emanuel Schikaneder)라는 거예요. 파파게노 역을 맡은 사람이 전체 대본을 썼으니, 이 오페라는 어쩌면 파파게노의 눈을 통해서 본 이야기인 거죠. 대본을 보니 극장장이자 배우였던 그의 성격이 눈에 보이는 듯하더라고요. 쉬카네더야말로 평생 '속병은 안 걸릴 만한 성격'이 아니었을까요? 그가 모차르트와 세상에 내놓은 이 오페라 덕에 쉬카네더는 돈방석에 올랐어요. 나중엔 극장을 새로 지었는데, 이 극장에서 베토벤의 유명한 마지막 교향곡 '나인 심포니'가 초연되기도 했어요.

장 알고 지내면 재미있는 분이었을 것 같긴 합니다. 농담이 아니라 유해진 배우가 이 역을 맡으면 딱일 것 같다는 생각이 다시 드네요. 사실 이 역할은 노래보다 어쩌면 능청맞은 대사가 더 중요하기 때문이겠죠. 전문 성악가를 위해 작곡된 역할이 아니라 노래의 음폭도 넓지 않아 별다른 성악 기교도 필요치 않고요. 나중에 등장하는 파파게노와 파파게나✿ 이중창도 그리 어렵지 않아서 재미있게 부를 수 있지 않나 싶어요.

백 요즘처럼 피곤한 일 많은 세상에 다 함께 흥얼거려볼 만한 유쾌한 아리아죠. 사람들 대하느라 쓰는 가면과 가식은 내려두고 "난 내가 하는 일을 기막히게 잘 해내는 유쾌한 사람이다!", "진짜 올해는 장가가고 싶다! 멋진 배우자 후보를 잔뜩 늘어놓고 골라 가고 싶어!" 하고 속 시원히 유쾌한 노래를 부를 수 있다면, 그것만으로도 파파게노 캐릭터를 알아갈 만한 가치가 있지 않을까요? 아, 저도 답답한 날에는 〈마술피리〉를 보러 가야겠어요.

✿ 파파게노의 상대역. 처음엔 노파로 등장했다가 이후 미녀로 등장해 파파게노와 사랑에 빠진다.

ARIA OF DESTINY

열정의 끝,
운명의 문턱에서

E lucevan le stelle

Vissi d'arte vissi d'amore

Der Hölle Rache kocht in meinem Herzen

Dove sono i bei momenti

Voi Che Sapete

Salut! demeure chaste et pure

XI

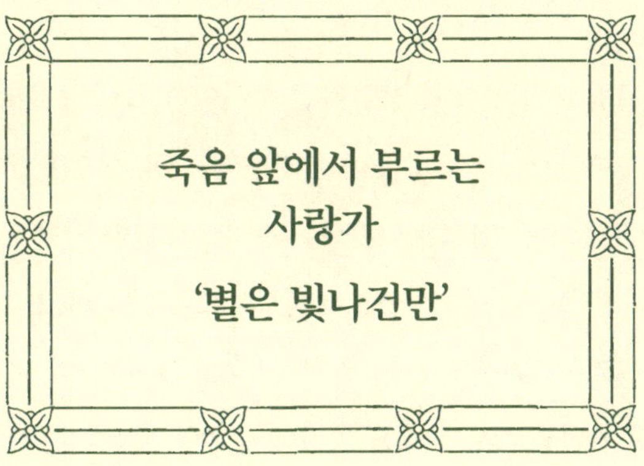

작품	토스카	Tosca
작곡	자코모 푸치니	Giacomo Puccini, 1858~1924
아리아	별은 빛나건만	E lucevan le stelle

1800년 6월 17일 로마에서 벌어진 사건이다. 6월 14일부터 시작된 마렝고 전투※ 소식이 들리는 가운데, 프랑스 혁명군이 세웠던 로마의 집정관 안젤로티가 탈옥한다. 정치범 안젤로티는 그의 가문 기도실이 있는 성안드레아성당으로 피신하고, 그곳에서 그림을 그리고 있던 옛 지인 카바라도시와 마주친다. 프랑스 혁명파였던 카바라도시는 그를 별장에 숨겨준 탓에 경찰청장 스카르피아에게 체포된다. 카바라도시의 애인이자 로마의 유명한 프리마돈나 토스카는 그를 구하려 스카르피아를 찾아가고, 토스카를 일찍부터 탐내던 스카르피아는 호색한답게 카바라도시를 자유롭게 해주는 대신 토스카에게 육체 관계를 요구한다. 토스카는 필요한 서류를 얻어낸 뒤 그가 방심하는 틈을 타 책상 위에 있던 칼로 스카르피아를 살해한다. 그러나 공포탄을 쏘아 카바라도시를 사형하는 척하고 보내주기로 했던 스카르피아의 약속은 거짓이었고, 군인들의 발포 후 카바라도시를 일으켜 탈출하려고 했던 토스카는 그의 애인이 정말로 죽음을 맞이한 것을 알게 된다. 멀리서 스카르피아의 죽음을 발견하고 달려오는 군인들을 보며 토스카는 산탄젤로성 꼭대기에서 몸을 던진다.

※ 1800년 6월 14일 이탈리아의 지방 알레산드리아 근처에서 오스트리아군이 프랑스군을 기습하면서 벌어진 전투이다. 나폴레옹은 패전할 뻔한 이 전투에서 승리한다.

별은 빛나건만

산탄젤로성 옥상에서 총살을 당한 카바라도시가 죽기 전에 사랑하는 토스카에게 편지를 남기며 부르는 아리아. 그녀와의 행복한 시간을 회상하며 삶에 대한 소중함을 깨닫고 절규한다.

별은 빛났고 대지는 향기로웠어.

정원의 작은 문이 삐걱이며 열렸고

그녀의 발걸음이 흙바닥을 가볍게 스치며 내게로 다가왔다.

향기로운 그녀가 내 품 안으로 쏟아졌지.

오 부드러운 입맞춤, 나른한 애무의 손길.

난 전율하며 그녀의 몸에서 베일을 벗겨냈지.

그녀의 아름다운 자태는 내 앞에 그렇게 드러났어.

하지만 사랑의 꿈은 이제 사라져버렸네.

나는 절망 속에서 이리 죽어가는구나.

내가 이토록 삶을 되찾고 싶었던 적이 있었나.

삶을 이렇게 사랑한 적이 있었나!

나폴레옹과 카바라도시

백　오페라를 볼 때마다 카바라도시는 나폴레옹의 승리에 왜 그토록 감정이 벅차올랐을까 생각하곤 했어요. 물론 오스트리아는 푸치니가 살던 시대에도 이탈리아를 손에 넣고 괴롭히던 나라였으니 못마땅했겠지만, 나폴레옹이 이겼다고 "Vittoria!(승리!)"까지 외치는 건 좀 선을 넘은 거 아닌가? 이런 생각도 들더라고요.

장　원작을 보면 카바라도시가 안젤로티에게 자기 이야기를 하는 대목이 나와요. 오페라에서는 복잡한 내용을 간단하게 하려고 안젤로티를 카바라도시의 지인, 카바라도시는 화가, 이렇게 정리했지만 사실 안젤로티와 카바라도시는 서로 잘 모르는 관계입니다. 그래서 서로 소개하는 장면이 필요하기도 했고요. 안젤로티는 나폴레옹이 1798년 이탈리아를 점령한 뒤 세운 로마공화국의 집정관이었어요. 원래도 나폴레옹의 열렬한 지지자였죠. 자연히 나폴레옹의 세력이 로마에서 사라지자마자 정치범이 되었고요.

카바라도시의 아버지 니콜라 카바라도시는 인생의 상당 기간을 프랑스에서 지냈던 친프랑스파 인물이었죠. 카바라도시의 어머니는 아예 프랑스인이었어요. 이탈리아 성씨를 가졌지만 카바라도시는 태생적으로도 정신적으로도 프랑스인에 더 가까워요. 사상마저도 나폴레옹의 급진적 영향을 받은 사람이니 나폴레옹의 마렝고 전투 승리가 당연히 반가울 수밖에요. 물론 토스카를 호시탐탐 농락하려는 친오스트리아 스카르피아의 종말이 이 전투에 달려 있었으니 더 신날 수밖에 없지요.

여기서 카바라도시와 특이하게 짝이 맞는 것이 나폴레옹이에요. 원래 나폴레옹은 프랑스 사람이 아니에요. 그는 이탈리아 코르시카섬에서 태어난 이탈리아인이었죠. 본래 이름도 나폴레옹 보나파르트가 아닌 나브리오네 디 부오나파르테(Nabulione di Buonaparte)였다는군요. 코르시카는 격변기에 있었어요. 제노바 공화국으로부터 독립하기 위해 격렬한 독립운동을 했죠. 급기야 주변 섬들을 독립운동 끝에 점령하고 코르시카 공화국을 선언해요. 더 이상 코르시카에 대해 영향력을 끼칠 수 없었던 제노바는 1868년 베르사유 조약을 통해 코르시카를 통째로 프랑스에 양도하게 됩니다. 프랑스는 무력군을 앞세워 때를 놓치지 않고 코르시카를 점령하죠. 부오나파르테 가문은 마치 우리나라가 일제 치하에서 성씨 개명을 강요받았듯 이름을 고쳐서 보나파르트 가문으로 탈바꿈하게 돼요. 프랑스로부터 귀족 작위를 다시 하사받아서요. 나폴레옹은 따지고 보면 프랑스인의 모습을 한 이탈리아인이었던 거죠. 상황은 반대지만 묘하게 닮은 데가 있지요? 이탈리아인의 외양을 한 프랑스인 카바라도시. 프랑스인의 외양을 한 이탈리아인 나폴레옹.

출신만 달랐지 같은 사상을 가진 이 둘은 시대 상황 때문에 비극적 결말을 겪는 한 쌍이 아닌가 싶기도 하네요. 자신을 괴롭게 만드는 다혈질의 여인들과 사랑에 빠진 것도 공통점이고요. 조세핀(나폴레옹의 아내)과 토스카. 이 둘도 뭔가 비슷한 구석이 보이죠? 원작자 빅토리앵 사르두(Victorien Sarduo)와 작곡자 푸치니는 카바라도시를 창조할 때 나폴레옹을 떠올렸을까요? 그래서 나폴레옹의 승리를 그토록 용감하게 무대에서 외치도록 했을지도 모르겠습니다.

백　흥미로운 페어링이네요. 나폴레옹과 카바라도시. 외적인 조건만 보면 전혀 다른데 말이죠. 나폴레옹은 땅딸막한 데다 미남형도 아니지만 카바라도시는 미남에 예술가. 매력 면에서는 캐릭터가 많이 발전했네요, 하하. 하지만 둘 다 여자 보는 눈은 별로였어요. 저라면 아무리 예뻤어도 토스카 같은 여자 옆에 있으려고 로마에 남지는 않을 것 같아요. 분명 잔소리 많은 아내이자 엄마가 될 게 뻔하거든요. 성악가니 목소리는 또 얼마나 클 거야….

장　혹시 선생님 본인 얘기는 아닌 거죠? 하하하.

남고생이 부르는 오 돌시바시오

백 저는 아리아 '별은 빛나건만'을 들을 때마다 저희 큰외삼촌이 떠올라요.

장 큰외삼촌이요? 어머니가 성악가이신데, 혹시 큰외삼촌도 성악가이신가요?

백 아니요, 큰외삼촌은 사업가세요. 하지만 성악가인 막내 여동생 영향을 받아서 그런지 성가대 활동을 하며 노래도 열심히 부르고, 대단한 클래식 음악 애호가세요. 그런 큰외삼촌이 정말 좋아하는 아리아가 바로 카바라도시의 이 마지막 아리아예요. 저 어릴 때부터 명절이나 가족 모임에서 가끔 노래 자랑을 하셨거든요. "야야 재은아, 내가 원래 어렸을 땐 네 엄마보다 노래를 더 잘했다고. 들어볼래? 오 돌시-바시-오."

장 돌시바시오!✿ 아하하하하하.

백 저는 원래 가사가 그런 줄 알고 자랐는데요, 하하. 세상에 이 아리아를 고등학교 음악 시간에 부르셨다는 거예요! 당시 큰외삼촌 고등학교 음악 선생님이 무슨 생각이셨는지 이 아리아를 남고생들에게 가르친 거죠. 하지만 워낙 옛날

✿ 바르게 읽은 이탈리아 발음은 'Oh! dolci baci, o(오 돌치 바치 오)'. 해석하자면 "오! 아름다운 키스여, 오!"란 뜻이다.

이고, 이탈리안 발음을 제대로 가르치는 사람이 없었을 테니 그냥 임의대로 악보에 적힌 가사를 읽으신 것 같아요. 1940년대라면 충분히 그럴 수 있어요. 그런데 중요한 것은 발음이 맞냐 틀리냐가 아닌 이런 놀라운 시도를 했다는 점이에요.

얼마 전 세계 최대 음악 스트리밍 서비스 스포티파이가 흥미로운 사용자 분석을 발표했어요. 문화권과 관계없이 사람들은 10대 시절에 즐겨듣던 음악을 성인이 되어서도 가장 많이 소비한다는 걸 발견했대요. 사춘기 무렵 들었던 음악적 경험과 환경이 평생의 음악 취향을 결정하는 데 가장 결정적인 역할을 하는 거죠. 비록 발음은 틀렸어도 큰외삼촌은 고등학생 시절 무려 푸치니의 아리아를 들었을 뿐만 아니라 반복해서 불러보는 경험을 한 거예요. 클래식 음악이 주는 기쁨을 평생 누리는 큰 선물을 받으신 거죠. 제가 음악 선생님이었어도 남자 고등학생들에게 아리아를 가르치는 일이 쉽지 않았을 텐데, 60여 년 전 음악 선생님이 이런 시도를 하셨다는 게 정말 놀랍기도 하고 고맙기도 합니다.

요새 고등학생들은 무슨 음악을 들으며 자라는지 모르겠어요. 물론 가요나 팝송도 좋은 곡이 많지만 클래식 음악이 주는 풍요로움은 또 다르잖아요. 사춘기 청소년들이 제 큰외삼촌처럼 오페라에서 조금이라도 위안을 얻으면 좋겠는데, 욕심일까요? 오페라가 진입장벽이 높긴 해도 일단 정을 붙이면 큰 기쁨과 위로가 되어줄 텐데요. 저도 아들이 카바라도시 아리아를 흥얼거리면서 다닌다면 참 뿌듯하겠단 생각을 해봅니다.

장 그러고 보니 어릴 때 보던 〈루니 툰〉※과 〈스머프〉가 생각나네요. 별생각 없이 보면서 자랐는데, 이들 애니메이션에 중요한 클래식 음악이 통으로 등장하는 경우가 많았어요. 특히 〈루니 툰〉 같은 경우에는 아예 오페라 콘서트 에피소드도 등장하고 바그너 오페라 특별 편이라고 해야 하나요? 〈토끼를 죽이자〉 편도 정말 재미있었어요. 〈루니 툰〉음악을 흥얼거린다고 생각했는데, 알고 보니 바그너의 〈발퀴레〉에 등장하는 유도 동기♫들이더라고요. 〈스머프〉 같은 경우엔 슈베르트의 '미완성 교향곡'이 오프닝에 등장하고, 스머프와 가가멜의 쫓고 쫓기는 음악은 베토벤 '월광 소나타 3악장', 림스키 코르사코프 '세헤라자데', 리스트 '피아노 협주곡' 등 정말 주옥같은 클래식이 만화의 중요한 장면들에 녹아들어 있었죠. 애니메이션이 흔치 않던 시절이라 외우다시피 반복해 봤는데, 이런 작품들이 당시 우리 세대에겐 클래식 음악에 대해 가르쳐준 게 많지 않나 생각합니다.

※ 워너브라더스에서 만든 단편 애니메이션들을 총칭한다.

♫ 악극·표제 음악 따위에서 주요 인물이나 사물 또는 특정한 감정 따위를 상징하는 동기. 곡 중에서 반복하여 사용함으로써 극의 진행을 암시하고 통일감을 줄 수 있다.

백 그러게요. 엉뚱하게 들릴지도 모르지만 저는 슈베르트 '미완성 교향곡'을 들으면 집 앞 문방구나 학교 앞 떡볶이집이 먼저 떠오른다니까요. 한참 스머프 열심히 보던 시절이라 당시 좋아하던 장소들이 머리에 번쩍 생각나는 거죠. 참 희한하죠.

장 그런 영향을 받은 우리가 클래식 방송도 하고, 성악가도 되고. 또 그 추억으로 이렇게 오페라에 대해 대화도 하는 게 아니겠습니까? 발음이 '돌시바시오'면 어떻고 '돌치바치오'면 또 어떻습니까. 일단 이 주옥같은 아리아들을 열심히 불러보는 것이 맞는 거죠. 큰외삼촌도 늘 즐겁게 '별은 빛나건만'을 불러주세요. 응원합니다.

프리마돈나의 적은 누구인가

장 '별은 빛나건만'은 남자들의 마음을 흔드는 묘한 구석이 있
   어요. 혁명의 한가운데서 끝까지 의협심을 버리지 않은 잘
   생긴 의리남이자 미남 화가가 사랑하는 여인을 두고 세상
   을 떠나야 하는 장면에서 부르는 애끓는 아리아이니까요.
   우리나라로 치면 안중근이 부르는 마지막 사랑가 정도로
   봐야 할까요? 마음을 건드리는 감동 포인트가 많은 노래
   예요. 주인공에게 감정을 이입해보는 남성 오페라 팬들이
   많으니까 오래도록 남성 팬들의 사랑을 받는 것도 이상하
   지 않아요.
   그래서인지 오페라 중간이라도 이 아리아가 끝나면 박수
   가 멈추는 데 시간이 한참 걸리죠. 원래 오페라에서는 박
   수가 끝날 때까지 기다렸다가 극을 이어가는 것이 보통입
   니다. 때론 4~5분이 넘도록 사람들의 열광과 박수가 그치
   지 않아서 지휘자의 재량에 따라 그 아리아를 다시 부르게
   하는 극장도 있죠. 2024년 세종문화화관에서 테너 김재형
   이 관객의 환호에 따라 이 아리아 앙코르를 불렀죠. 한국
   오페라사뿐 아니라 전 세계 오페라사에도 길이 남을 사건
   이 이때 펼쳐졌어요.
백 현장에는 없었지만 정말 충격적인 일도 있었어요. 테너가

아리아를 부르는데 토스카 역을 맡은 소프라노 안젤라 게오르규가 손을 휘휘 저으면서 무대에 난입해 앙코르를 저지하는 바람에 결국 공연이 중단되었죠. 그리고 "이건 공연이지 개인 리사이틀이 아니야! 나를 존중해주세요!(This is a peformance, It is not a recital. Respect me)"라고 외쳤어요. 아니, 아무리 다른 성악가가 앙코르를 부르는 것이 못마땅해도 공연 중 무대 난입이라니요.

장　2016년 빈국립오페라극장에서도 비슷한 일이 있었죠. 요나스 카우프만이 부른 '별은 빛나건만' 뒤에 사람들의 열광적인 박수가 이어져요. 워낙 빈이 사랑하는 테너이기도 했으니까 예상치 못했던 일도 아니었고요. 이어 카우프만이 앙코르를 부르자 안젤라 게오르규는 분장실로 들어가 버려요. 그러고는 무대에 등장하지 않아 공연은 잠시 중단되었죠.

백　저도 원고 준비하면서 참고 자료를 찾다가 본 적 있어요. 상대역이 역시 소프라노 안젤라 게오르규였죠. 두 주연 성악가가 연인으로 무대에 올랐는데, 무슨 경연대회 하듯 각자 노래를 너무 열심히 부르던 게 기억나네요. 이 아리아가 끝난 다음에 토스카가 스카르피아에게서 받아낸 서류를 들고 등장해야 하는데 한참이 지나도 모습이 보이지 않으니까 카우프만이 "아! 소프라노가 없네(Ah! non abbiamo soprano)"를 노래처럼 불러서 사람들이 웃음을 터트렸죠.

장　극장 측에서는 아리아를 다시 부르는 것을 보고 게오르규
가 잠시 분장실로 돌아가 있었다며 사건을 공식적으로 해
명했어요. 하지만 대다수의 사람이 그녀가 아리아 앙코르
를 받는 카우프만을 보고는 약이 올라 등장하지 않는 행동
으로 항의를 한 것이라며 이야기했죠. 실제로 안젤라 게오
르규 측에서는 어떠한 입장도 내놓지 않았어요. 그녀는 평
소에도 콧대 높은 프리마돈나 같은 행동으로 유명한 사람
이라 이 의혹은 수그러들지 않았고 신문 기사로 오르내렸
어요. 오래도록 이 사건은 많은 오페라 팬들의 뒷담화 거
리가 되었죠. 이번 세종문화회관 사건으로 2016년 빈 사건
도 다시 정리가 될 것 같네요. 빈 극장의 공식 해명은 사건
무마용이었던 것이 확실한 것 같죠?

백　길지도 않은 아리아인데, 상식적으로 가깝지도 않은 분장
실에 다시 들어갈 일은 없죠. 캐스팅만 놓고 볼 땐 진짜 멋
진 조합이었어요. 원작을 찢고 나온 듯한 미남 화가 역의
카우프만과 토스카 자신이라고 해도 무리가 없을 것 같은
미녀 프리마돈나 게오르규. 또 둘 다 노래는 얼마나 잘하
게요. 모르긴 해도 서로 '오늘 밤 1등 성악가는 바로 나야'
하며 무대에 올랐겠죠. 게다가 아리아 '별은 빛나건만'은
전 세계 오페라 팬들의 사랑을 받는 곡이고 카우프만이 워
낙 노래를 잘 불렀으니 앙코르가 나올만 했죠. 게다가 관
객이 7분이나 박수를 쳤는데 안 부를 재간이 있나요. 이래

저래 좀 이해를 하고 넘어갔으면 좋았을 텐데요. 같은 횡포를 두 번이나, 아이구.

장 아무리 빼어난 소프라노라도 '별은 빛나건만' 같은 아리아를 이길 재간은 없지 않을까요. 극 고음이나 현란한 테크닉을 보여주는 아리아가 아니기 때문에 어쩌면 더 어려울 수도요. 테너의 예술적인 역량이 더더욱 잘 드러날 수 있는 곡이니까요. 게다가 카우프만이나 김재형은 이 아리아가 그의 대표곡이라고 해도 무리가 없을 정도로 이 노래를 미끈하게 불러내는 훌륭한 성악가들이잖아요.

소프라노의 심정도 이해가 되긴 합니다. 어렵게 2막을 뚫고 '노래에 살고 사랑에 살고'를 온 힘 다해 부르고, 바리톤(스카르피아)까지 고생스럽게 죽이고 왔는데! 테너가 저런 짧은 아리아를 하나 부르고 앙코르까지 받아? 이런 마음이 들었을지도요. 선생님은 오페라 하다가 저런 디바의 순간이 찾아온 적 없나요?

백 요새 자꾸 곤란한 질문을 많이 하시는군요. 업계 비밀이지만 동료라서 뭐라고 말은 못 해도 오페라 무대 위에 있다 보면 신경 쓰이게 만드는 역할이 각자 한 명쯤은 있을 거예요. 아무리 손을 부여잡고 사랑하는 사이를 연기한다 해도 상대 테너나 바리톤이 마지막 이중창 고음에서 자기 혼자 길게 부른다거나 하면 '어? 이것 봐라?' 하는 마음이 자연스럽게 든다고 하더라고요. 하하, 제 얘기는 아니고!

장　아니, 그러지 마시고 솔직하게 딱 한 명만 얘기한다면 어떤 배역일까요?

백　뭐… 가끔 카르멘을 연기할 때 에스카미요한테 관객들이 너무 열광하면 속으로 '아 박수 좀 그만 쳐도 됩니다' 라는 대사가 머리 위로 지나가기도 합니다, 하하. 그나저나 토스카는 극 안에서나 밖에서나 질투의 화신이 맞네요. 카바라도시가 다른 여자 그림을 그려도 자기보다 노래를 잘해도 문제가 생기니 말이죠. '별은 빛나건만' 이 아리아가 잘못했네요. 그래도 소프라노한테 마지막 큰 쇼 하나는 남겨두었으니, 푸치니와 사르두가 끝까지 토스카를 배려한 것이 맞긴 합니다.

장　그렇죠. 대미의 장식은 역시 토스카가 하죠. 그런데 이 마지막 장면이 오페라에서는 가끔 코미디가 된다면서요. 이건 무슨 이야기일까요?

백　워낙 사고가 많은 장면이라 그런 거겠죠. 어느 오페라 극장에나 〈토스카〉에 대한 에피소드가 하나씩은 있어요. 일단 높은 곳에서 뛰어내려야 하는 이 오페라의 엔딩 때문에 소프라노들이 곤욕을 치러요. 어떤 극장에서는 소프라노가 끝까지 못 뛰어내려서 오페라가 영영 안 끝날 뻔했는데, 뭐 이런 건 양전한 편에 속하고요. 소품 감독이 원래 매트를 깔아야 할 자리에 트램폴린을 가져다 놓아 무대 뒤에서 떨어진 토스카가 계속 공중으로 붕붕 뛰어올라 관객들이 포복절도한 경우도 있어요. 어느 극장에선 갑자기 병사 역할의 배우들이 펑크를 내서 아르바이트 배우들로 급조 했대요. 설명할 시간이 없던 연출가가 "병사 모두 마지막 엔 주인공을 쫓아가라" 하고 무대에 내보냈더니, 성벽에서 뛰어내리는 토스카를 따라 병사 모두 다 같이 뛰어내린 에 피소드는 정말 유명하죠.

장　　하하하. 이런 비극적 결말에 또 하나의 볼거리를 선사하는 특이한 사건들이네요.

천사의 성 산탄젤로

백 선생님 로마에 가셨을 때 산탄젤로성 보셨나요?

장 그럼요. 로마에 갔는데 산탄젤로성을 안 보고 올 수 있나요. 서울에 온 외국인이 경복궁 안 보고 돌아가는 격인걸요.

백 저는 산탄젤로성을 딱 마주친 순간 딴생각이 순간 들더라고요. 어? 엄마 밥솥? 할머니 동동구리무＊ 통?
나중에 알고 보니 사람들이 살던 성이나 일반 이탈리아 성당과는 달리 산탄젤로성은 무덤 용도로 지어졌더라고요. 그런데 139년 로마 황제 하드리아누스의 무덤으로 지어졌다는 이 성이 2천 년 가까이 지나도록 견고하게 남아 있는 이유가 뭘까 궁금하더라고요. 알고 보니 이유는 '용도 변경'.

장 용도 변경이요? 하하. 한국 같으면 조합 세워서 재개발했겠구만. 역시 이탈리아인가요.

백 로마 한가운데서 재개발은 좀 어렵겠죠? 하하. 바티칸에 자리 잡은 교황들이 도보로 10분 정도 거리에 있는 산탄젤로성을 비상시 대피할 수 있는 요새로 삼았대요. 그래서 증축 공사로 성벽을 따라 지붕이 있는 긴급 통로를 설치했고요. 16세기 중반에 와서 산탄젤로성의 가장 기억에 남을

＊ 일제강점기부터 광복에 이르기까지 여성들의 사랑을 한 몸에 받았던 화장품.

만한 천사상이 세워졌는데, 이것이 산탄젤로성 꼭대기 가장 중심에 있는 대천사 미카엘의 조각이죠.

장 맞아요. 미카엘이 칼집에 칼을 다시 집어넣고 있는 그 모습. 590년에 그레고리오 교황이 유럽에 창궐한 흑사병을 거두어가도록 하느님께 기도하다 산탄젤로성 꼭대기에서 있는 미카엘의 환상을 봤다고 하죠. 미카엘이 칼을 칼집에 넣는 환상인데 상당히 상징적인 모습이에요. 실제 이 이후로 흑사병 확산 기세가 줄어들었다고 해요. 성경에 보면 사무엘하 24장에 '전염병을 퍼트리던 천사'가 등장해요. 다윗이 하지 말라는 인구 조사를 하는 바람에 이스라엘 민족에게 재앙이 내려오는데 3일 동안 전염병이 돌게 되죠. 이 재앙으로 이스라엘 사람 7만 명이 죽게 돼요. 천사가 마침내 예루살렘을 가리키며 치려고 하자 마음을 바꾼 하느님이 "이제 되었으니 팔을 거두라" 하고 말씀하시고, 천사는 그제야 팔을 내려 재앙을 멈춥니다. 전염병이 멈추지요. 성경에는 천사가 칼이나 낫을 들고 싸우는 장면들이 여기저기 등장하는데, 교황이 본 미카엘 천사의 칼을 거두는 환상은 성경적으로도 상당히 앞뒤가 맞는 장면이에요. 실제로 흑사병이 멈추었으니까요. 천 년을 구전으로 내려오다가 1536년에 드디어 미카엘의 동상이 산탄젤로성 꼭대기에 서게 된 거죠. 개인적으로 다행이라고 생각합니다.

백 산탄젤로성은 성곽이 상당히 높아요. 꼭대기에 올라가면 로마가 한눈에 들어오고요. 그래서 1800년 당시 감옥으로 사용되기도 했어요. 오페라에서도 성 옥상에서 총살을 집행하는 것으로 설정이 되어 있죠. 굳이 이런 높은 성곽에 감옥을 만들고 사형 집행을 했던 이유는 뭘까요? 집행하기 전이야 죄수를 끌고 오면 된다지만 끝나고 나서는 시신을 군인들이 직접 들고 내려와야 할 텐데, 그것도 정말 귀찮은 일이잖아요? 하지만 이런 귀찮은 과정을 거친다고 할지라도 집권층에는 엄청난 힘을 안겨주는 사형장이었을 것 같아요. 멀리서도 눈에 띄는 사형장이라니. 마치 로마 전체에 광고하듯이 말이죠. '너희도 잘못하면 이렇게 총살당할 수 있으니 정부 의견에 토 달지 마라' 하고 자연스럽게 광고할 수 있잖아요. 성곽 아래를 걸어 다니던 로마 시민들은 늘 긴장감과 공포감을 느꼈을 것 같아요. 자연스럽게 고개를 숙이고 다녔을 18세기 말 19세기 초 로마 사람들이 눈에 보이는 듯하네요.

이런 공개된 장소에서 날개는 없지만 허공을 향해 뛰어내린 토스카. 프리마돈나의 마지막 모습이 로마에서 가장 많은 관중을 앞에 두고 가장 극적으로 펼쳐졌네요. 마지막으로 하늘을 나는 천사 같기도 하고요. 1막 마지막 '테 데움' 장면에서 스카르피아의 노래 '가라 토스카(Va tosca)'가 반복되는데, 이 가사와 짝을 이루는 결말인 것 같기도 합니다. 가긴 갔는데 너무 갔어요, 우리 불쌍한 토스카.

장　　그러게요. 가는 방향도 잘못 잡은 것 같아요. 산탄젤로성 옥상 하니까 떠오르는데, 그 주변에서 가장 높은 성이에요. 탁 트인 하늘을 가까이서 마주할 수 있어 어쩌면 로마 시내를 가장 잘 볼 수 있는 곳이란 생각이 문득 듭니다. 별 보기에도 최적의 장소죠. 성 꼭대기에서 쏟아지는 듯한 별을 보며 사랑하는 여인과의 행복했던 과거를 회상한다면, 그것도 날씨 좋은 6월 밤에요. 죽음을 각오했더라도 살고 싶은 욕심이 저 안에서부터 다시 올라올 것 같아요.

로마의 흥미진진한 역사와 아름다운 풍광, 열정적인 음악까지 다 담고 있는 아리아 '별은 빛나건만'은 어느 모로 보나 이탈리아 오페라의 보석이 아닌가 싶습니다. 아, 6월이 오면 로마에 다시 가보고 싶네요.

XII

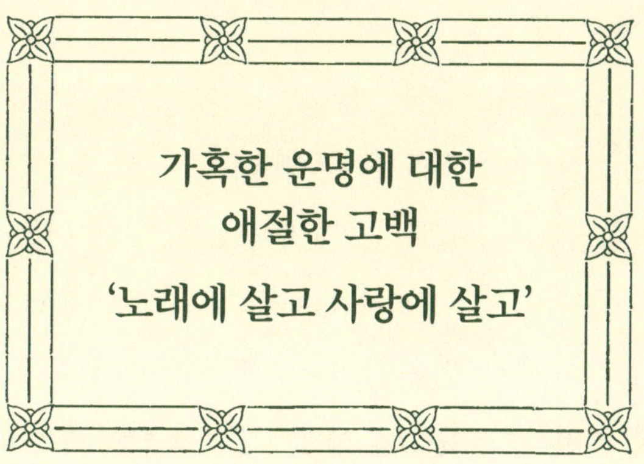

작품	토스카	Tosca
작곡	자코모 푸치니	Giacomo Puccini, 1858~1924
아리아	노래에 살고 사랑에 살고	Vissi d'arte vissi d'amore

1800년 6월 17일 로마에서 벌어진 사건이다. 6월 14일부터 시작된 마렝고 전투※ 소식이 들리는 가운데, 프랑스 혁명군이 세웠던 로마의 집정관 안젤로티가 탈옥한다. 정치범 안젤로티는 그의 가문 기도실이 있는 성안드레아성당으로 피신하고, 그곳에서 그림을 그리고 있던 옛 지인 카바라도시와 마주친다. 프랑스 혁명파였던 카바라도시는 그를 별장에 숨겨준 탓에 경찰청장 스카르피아에게 체포된다. 카바라도시의 애인이자 로마의 유명한 프리마돈나 토스카는 그를 구하려 스카르피아를 찾아가고, 토스카를 일찍부터 탐내던 스카르피아는 호색한답게 카바라도시를 자유롭게 해주는 대신 토스카에게 육체 관계를 요구한다. 토스카는 필요한 서류를 얻어낸 뒤 그가 방심하는 틈을 타 책상 위에 있던 칼로 스카르피아를 살해한다. 그러나 공포탄을 쏘아 카바라도시를 사형하는 척하고 보내주기로 했던 스카르피아의 약속은 거짓이었고, 군인들의 발포 후 카바라도시를 일으켜 탈출하려고 했던 토스카는 그의 애인이 정말로 죽음을 맞이한 것을 알게 된다. 멀리서 스카르피아의 죽음을 발견하고 달려오는 군인들을 보며 토스카는 산탄젤로성 꼭대기에서 몸을 던진다.

※ 1800년 6월 14일 이탈리아의 지방 알레산드리아 근처에서 오스트리아군이 프랑스군을 기습하면서 벌어진 전투이다. 나폴레옹은 패전할 뻔한 이 전투에서 승리한다.

노래에 살고 사랑에 살고

이미 오래전부터 미모의 프리마돈나인 토스카를 탐내던 스카르피아. 토스카는 체포된 애인 카바라도시를 감옥에서 풀어주는 대가로 스카르피아에게 하룻밤을 요구당한다. 하느님께 탄식 어린 절망의 기도를 토해내며 부르는 토스카의 아리아다.

노래에 살고 사랑에 살며
사람들에게 상처 준 일도 없고,
불행한 사람을 보면
슬며시 남모르게 도와주었습니다.
끊임없이 참된 신앙심으로
나의 이 기도를
거룩한 성체에게 바쳐왔습니다.
끊임없이 참된 신앙심으로
제단마다 꽃을 바쳐왔습니다.

그러나 제게 이런 고난이 닥쳐왔을 때

어째서, 왜 주님은,

제게 이런 비참한 보답을 하십니까?

보석들을 성모님의 망토를 위해 바쳐왔고,

제 노래를 하늘에 빛나는 별에,

한층 아름답게 빛나는 별에 바치기도 했습니다.

이 고난의 시기에

어째서, 왜 주님,

아! 어째서 내게 이런 잔인한 보답을 하십니까.

스테이크 나이프와 여가수

장 오늘은 어떤 오페라의 아리아를 소개하기로 했죠?

백 오페라 〈토스카〉에 나오는 아리아 '노래에 살고 사랑에 살고'에 대해 얘기해볼까요? 혹시 아리아 이야기에 앞서 오페라에 대해 하고픈 말씀이 있으면 허심탄회하게 해주세요. 저는 이 오페라 볼 때마다 이상하게 속이 터져서요.

장 스카르피아가 좀 더 똑똑했으면 어땠을까 싶죠. 토스카를 잘 구슬려 일을 조용하게 해결했어야지, 마지막까지 치밀하게 계획을 잘 세워서요. 책상 위에 칼이 웬 말입니까.

백 저는 상황 자체가 이해가 안 되더라고요. 칼로 찌른 쪽은 호리호리한 젊은 여자 가수, 찔린 쪽은 노련한 경찰 그것도 경찰청장이란 말이죠. 게다가 원작을 보면 스카르피아는 저녁 식사를 하고 있었으니 여기서 등장하는 칼이라는 게 스테이크 나이프예요. 오페라 〈토스카〉는 1800년 마렝고 전투 당시의 이야기예요. 궁금해서 18세기 말 스테이크 나이프를 찾아봤는데, 자세히 보면 작은 톱니가 우툴두툴해서 힘을 좀 줘야 고기가 썰리는 그런 칼이더라고요. 날카로운 칼이 절대 아닌 거죠. 어떤 건 약간 버터 나이프처럼 생기기도 했어요. 이런 나이프로 극악무도한 경찰청장을 한 방에 살해했다고? 너무 현실성 떨어지는 이야기란 생각이 들던걸요.

장 아니 오페라에서 현실성을 찾다니 오페라 가수답지 않은 발언 아닌가요? 원래 꿈과 사랑과 판타지가 넘치는 장르가 오페라잖아요? 지나가다 멀리서 잠깐 본 공주한테 한눈에 반해 나라도 부모도 목숨도 내거는 왕자가 있지를 않나(《투란도트》), 마법의 총알로 무슨 과녁이든 명중하는 포수부터(《마탄의 사수》) 절대 반지로 세계를 지배하려는 난쟁이(《니벨룽겐의 반지》)까지 원래 오페라가 현실성이 좀 부족한 건 사실이죠.

백 그래도 이 오페라는 푸치니의 베리즈모※. 그야말로 사실주의 오페라인데요?

장 현대 작품으로 재해석하면 좀 현실성이 있을까요. 토스카를 〈킬빌〉의 카리스마 넘치는 여성 킬러나 〈캡틴 마블〉의 초자연적인 힘을 가진 히어로로 등장시켜서요. 얼마나 설득력 있겠어요. 스카르피아가 다가왔을 때 한번에 처치 가능. 무대도 상당히 다채로워지고 설득력도 동시에 상승할 겁니다. 괜찮은데요?

백 그것 정말 재미있겠네요. 하지만 영화에서처럼 타이트한 의상 입고 '노래에 살고 사랑에 살고'를 부르려면 정말 힘들겠어요. 복식 호흡하는 게 다 보여서 성악가의 부담이

※ Verismo: 19세기 이탈리아 문학·음악 운동. 프랑스의 자연주의가 이탈리아에서 발전한 것으로 현실주의 운동을 말한다.

크겠어요. 아니지, 일단 토스카 같은 목소리 큰 역할에 딱 붙는 의상을 입을 수 있는 성악가를 섭외하는 것부터 힘들겠네요, 하하.

장　식사 도구로 악한을 무찌르는 여자 성악가를 설정하자니 참 힘드네요. 과도라면 좀 나았으려나?

백　"토스카! 이제 너는 내 거야!" 하고 달려드는 거구의 남자를 과도든 스테이크 나이프든 주방용품으로 처치한다는 게 여주인공이 닌자나 마블 히어로쯤은 돼야 이해가 쉬울지도. 선생님 말씀처럼요.

장　나중에 기회가 닿으면 여성 히어로나 킬러로 설정해 〈토스카〉를 한번 제작해봐도 될 것 같네요. 아주 새로운 해석이 될지도 모르겠습니다. 참, 그러고 보니 스틸라이트란 미국 주방용품 회사에서 나오는 식탁용 칼 시리즈가 'Tosca'예요. 스테이크 나이프도 있고 버터 나이프도 있고.

백　맞다. 저도 본 기억이 나요. 이름을 정말 잘 붙인 칼 시리즈가 아닌가요? 회사 사장이 오페라 팬인가 봐요.

장　정말 그럴지도 모르겠네요. 근데 저라면 그 칼은 안 살 것 같아요. 예쁘기는 한데 식사할 때 매번 몸을 사리게 될 것 같군요. 식사 때마다 너무 비장해지면 안 되니까, 하하.

토스카와 작곡가들

백 제가 이번 편을 준비하다가 재미난 책을 하나 읽었어요. 밀턴 브레너(Miton Brener)가 쓴 《무대 뒤에 오페라》라는 책인데, 〈토스카〉 편 시작이 정말 흥미로워요. '1894년 가을의 어느 날 오후, 프랑스에서 가장 인기 있는 극작가의 고급 저택 응접실 위를 날아다니는 파리가 되었다고 상상해보자.'

장 마블의 〈앤트맨〉도 아니고 파리라니요.

백 그렇죠. 오페라 관련 서적에서 나올 만한 글머리는 아니어서 저는 진짜 흥미로운 상상이라고 생각했어요. 이렇게 시작하는 이유가 있어요. 〈토스카〉는 당시 프랑스에서 제일 인기 있는 극작가 빅토리앵 사르두의 작품이었어요. 극작가도 유명한 사람이었지만 그보다 더 유명한 여배우 사라 베르나르(Sarah Bernhardt)를 위해 사르두가 쓴 7편의 희곡 중 한 작품이었죠.

장 유명 여배우를 위해 쓴 대본이라니 정말 토스카의 이미지에 잘 맞는 찰떡궁합이었겠어요. 게다가 토스카는 웬만한 소설 주인공 뺨치는 강한 자아를 가진 여성이잖아요. 눈 하나 깜짝하지 않고 악역을 단칼에 살해한 거 보세요. 극작가가 특정 여배우를 모델로 해 캐릭터를 창조했다면 사

라 베르나르도 정말 이만저만한 여배우는 아니었을 듯하
군요.

백 극적이고 입체적인 인물이 등장하는 희곡이니 성공하지
않았겠어요? 자극적인 캐릭터에 극적인 줄거리를 가진 오
페라나 연극이 실패하기는 어렵죠.

장 그래서 그 날아다니는 파리는 이 능력 있는 분들과 무슨
상관이 있던가요?

백 아, 파리가 되어 날아다닌다고 상상한 거실은 이 희곡을
쓴 빅토리앵 사르두의 거실이었다고 해요. 희곡인 〈토스
카〉를 오페라 대본으로 각색한 대본가 루이지 일리카(Luigi
Illica)가 여기서 대본 낭독회를 하고 있었죠. 이 낭독회엔 2
명의 유명한 오페라 작곡가가 참석하고 있었대요. 한 명
은 알베르토 프란케티(Alberto Franchetti)라는 당시 떠오르
던 신인 작곡가였어요. 다른 한 명은 대본에 감동한 나머
지 작가의 손에서 원고를 집어들어 직접 〈토스카〉를 낭독
하기 시작한 작곡가였죠. 〈토스카〉와 사랑에 빠진 이 사람,
누구였을까요?

장 당연히 〈토스카〉를 작곡한 푸치니 아니었을까요?

백 그래야 앞뒤가 맞을 것 같은데 정말 놀랍게도 이 작곡가는
오페라의 왕 주세페 베르디였어요. 베르디는 자신의 〈오텔
로〉 파리 공연을 관람하기 위해 파리에 머물고 있다가 우
연히 낭독회에 참석하게 돼요. 그는 〈토스카〉에 깊은 감명

을 받지만 81세라는 나이에 도저히 이 오페라를 완성할 수
없을 거라 판단하고 작곡을 포기했다고 하는군요.

장　〈토스카〉를 베르디가 작곡했다면 지금 우리가 듣고 있는
〈토스카〉와는 완전히 다른 모습의 작품이 나왔을 것 같아
요. 뭔가 리듬감은 훨씬 강하고 곡도 처음과 끝이 딱딱 떨
어지는? 그런 작품이었겠는데요?

백　어쩌면 베르디가 〈토스카〉를 포기한 것이 지금의 우리로
서는 행운일지도 모르죠. 리듬감 있는 토스카라니 상상만
해도 상당히 어색하죠?

장　그렇죠. 이렇게 감정이 하루 만에 휘몰아치는 오페라라면
바그너나 푸치니 쪽이 훨씬 어울릴 듯도 합니다. 똑같이
심각한 상황을 그려내도 작곡가마다 분위기가 참 다를 수
있다는 게 놀라워요. 모차르트나 하이든이 〈토스카〉를 썼
다면 어땠을까 하는 엉뚱한 상상도 해보게 되네요.

백　모차르트의 〈토스카〉는 의외로 신선할지도 모르겠네요. 아
무튼 원래 출판업자 리코르디와 계약해서 〈토스카〉를 오
페라로 옮길 작곡가는 처음엔 푸치니가 아니었어요. 이날
응접실에 함께했던 젊은 작곡가 알베르토 프란케티가 그
주인공이었죠. 푸치니도 이 작품에 매력을 느끼긴 했지만
〈라 보엠〉을 신경 쓰느라 〈토스카〉에는 별 관심을 가지지
않았대요.

장　〈토스카〉에 관심이 없었다고요? 푸치니가 잠시 제정신이

아니었군요!

백　나중에 정신을 차리긴 했죠. 그 바람에 크게 손해를 보고 푸치니에게 원한을 갖게 된 작곡가가 생기긴 했지만요. 푸치니는 평생 존경하던 그의 우상 베르디가 이 작품에 감명받은 일과 프란케티가 이 작품을 오페라로 만들기로 했다는 이야기를 뒤늦게 들어요. 갑자기 〈토스카〉에 대한 열망이 불타오른 푸치니. 그길로 리코르디에게 연락을 넣어요. 이 작품은 내가 해야겠다고 주장했다죠. 푸치니가 관심을 가지자 리코르디는 얼른 주판알을 튕겨본 뒤, 그가 출판사에 훨씬 큰 이익을 주겠다는 결론에 이르지요.

자, 이 날아다니던 파리는 리코르디와 푸치니가 꾸미는 '대본 찬탈' 시나리오에도 흥미를 가지지 않았을까요? 제가 파리였으면 리코르디 뒤를 윙윙 쫓아가 프란케티에게 무슨 이야기를 하는지 엿들었을 것 같아요. 영악한 리코르디는 작곡에 심혈을 기울이다 마침 어려운 지점을 만난 프란케티에게 이렇게 이야기해요. "지금 보니 사르두의 희곡은 조잡하고 잔혹해서 분명 관객들의 기분을 상하게 할걸세. 게다가 무대 위에서 정조를 빼앗길 뻔한 저속한 장면이 등장하는 오페라라니! 프랑스에서는 몰라도 이탈리아에서는 먹히지 않을 거야. 또 그녀가 마지막에 스카르피아를 찔러 죽인다면 하나 남은 여주인공에 대한 동정심마저 사라질 거라고. 내용이 이러니 자네가 작곡에 어려움을 겪는 것도 당연해. 이 오페라는 실패할 수밖에 없겠는데?” 이야기를 들은 프란케티는 리코르디 말에 동의하곤 오페라 작곡을 얼른 포기합니다. 그리고 바로 다음 날, 세상에… 며칠도 못 기다리고 바로 다음 날이라니! 리코르디와 푸치니는 〈토스카〉 작곡 계약을 체결했다는군요.

장　하하하, 그렇군요. 그러고 보니 푸치니는 두 작품 연속 남이 멀쩡히 하고 있는 걸 빼앗았군요. 〈라 보엠〉에 이어 〈토스카〉까지. 〈라 보엠〉 이야기를 좀 하자면, 푸치니는 〈라 보엠〉을 오페라로 만들라고 제안한 작곡가 레온카발로의 말을 귓등으로 흘려듣더니 레온카발로가 직접 이 오페라를 작곡하자 그때서야 〈라 보엠〉을 작곡하죠. 원작자가 자손 없이 사망하며 저작권의 영향을 받지 않아 가능한 일이었어요. 결국 레온카발로와 푸치니가 경쟁하듯 비슷한 시기에 오페라를 발표해요. 처음엔 레온카발로의 〈라 보엠〉이 더 인기를 끌지만 시간이 갈수록 푸치니의 〈라 보엠〉이 진가를 발휘해요. 그렇게 〈라 보엠〉은 〈마농 레스코〉에 이어 푸치니를 스타 작곡가의 반열에 올려놓는 데 일조하고요. 물론 돈도 엄청 벌어 저택을 새로 지었다는군요. 아, 얄미워. 푸치니는 남의 손에 있는 대본이 더 좋아 보이나 봅니다. '남의 떡이 더 커 보인다'란 속담이 절로 생각나네요.

백　푸치니는 대본뿐 아니라 여자 문제에서도 비슷한 행동을 보여 논란이 많았죠. 가난했던 자신을 돌봐준 친구 나르시소 제미냐니의 아내 엘비라와 사랑에 빠져서 야반도주를 하질 않나, 그녀와 결혼한 후에도 불륜을 저지르고요. 금지된 것에 이상한 집착이 있었던 게 아닐까요? 바그너 음악을 좋아하고 따랐다더니 하필 불륜의 제왕이었던 그의 사생활까지 따라하고, 에휴.

장 금단의 열매에 대한 열정이 대본에 더욱 애정을 갖게 했을까요? 남에게 빼앗은 작품이 다른 작품보다 큰 성공을 하게 되니 말이에요. 좋은 대본이 임자 없이 돌아다닐 때부터 알아봤다면 더 좋았을 텐데요.

노래에 살고 사랑에 살면 다일까

장 토스카 역할은 많은 소프라노가 평생 한 번은 꼭 해보고 싶은 배역 중 1~2위를 다투지 않을까 싶어요. 그녀의 앙칼지고 강한 성격을 표현하려면 땀깨나 빼겠지만 그럼에도 불구하고 너무나 매력적인 여주인공이기도 하지요.

백 〈토스카〉 2막 장면을 보고 있자면 메조소프라노인 저도 언젠가 토스카를 연기해볼 기회가 있으면 좋겠네 하는 생각이 드는 걸요. 토스카가 느낄 감정 소용돌이를 푸치니 음악에 휘휘 감아서 다 부르고 나면 엄청난 카타르시스를 느낄 것 같아요. 듣기만 해도 속이 뻥 뚫리는 구석이 있죠.

장 2막의 가장 중심이 되는 부분이 이 아리아 '노래에 살고 사랑에 살고'인 듯합니다. 토스카를 겁탈하려는 욕심에 불타는 스카르피아 앞에서 이러지도 저러지도 못하면서 억울함과 울분을 하느님께 토해내는 아리아죠. 지금까지 성당에서 거룩한 노래를 바치고 어려운 사람을 도와주는 삶을 살았건만, 이런 어려움이 닥쳐왔을 때 왜 나를 도와주지 않는가… 탄식하는 절절한 노래예요.

백 매정하게 들릴지 모르지만 이런 이야기는 좀 적반하장이 아닌가 하는 생각이 들기도 해요.

장 적반하장이요?

백　이 모든 일이 벌어진 게 토스카 때문만은 아니죠. 그치만 일이 이 지경으로 꼬인 건 토스카의 탓이 크지 않냐는 말이에요. 아니, 왜 쓸데없이 질투에 활활 불타서 저라면 아무리 스카르피아가 카바라도시가 바람을 핀 것처럼 의심하게 만들어도 "난 그를 믿어" 하는 마음으로 사고는 안 쳤을 텐데요. 앞뒤 생각 없이 "내가 이 괘씸한 것들을 현장에서 잡고야 말겠어!" 하며 안젤로티가 숨어 있는 카바라도시의 은신처로 달려가는 바람에 일이 커진 거잖아요.

장　원작에도 카바라도시가 미남으로 등장해요. 안젤로티조차도 원작에서 "당신을 사랑하지 않는 여자가 있다면 내가 용서할 수 없을 것 같다"라고 이야기할 정도니까요. 정치적 사정 때문에 성당에 꼭꼭 숨어 그림을 그리고 있지만, 워낙 외모가 출중하니 토스카가 불안할 수도 있지요. 게다가 오페라 시작 때부터 이 성당에 가족 기도실을 둔 아름다운 아타반티 부인을 모델로 그림을 그린 것을 들키고 말이죠. 그림을 보면서 부르는 카바라도시의 또 다른 유명한 아리아가 있어요. '오묘한 조화(Recondita armonia).' 마지막에야 물론 '금발의 푸른 눈 성녀를 그리면서도 내 머릿속에 생각나는 것은 토스카 너뿐'이라고 얘기하지만 그건 혼잣말이니 토스카가 그의 진심을 알 재간은 없죠.

백　그러고 보면 〈토스카〉 원작이 그 배경부터 내용이 방대해 오페라에는 등장하지 않는 사실들이 많아요. 카바라도시는 집안부터가 혁명 분자 집안이라 불안한 정세의 이탈리아에서 지내는 건 위험한 일이었어요. 이런 사정에도 그가 이탈리아에 머무는 이유는 로마에서 노래하는 프리마돈나 토스카와 함께하기 위함이었죠. 그래서 속이 더 터지더라고요. 본인 목숨이 위험한 상황에서 토스카 너와 함께하고 있는 카바라도시인데, 막달라 마리아 얼굴 좀 다른 사람이랑 비슷하게 그렸다고 그렇게 질투를 하고 사람을 들들 볶고 말이야. 결국은 있지도 않은 다른 여자와의 관계를 확신하고, 그 두 사람의 현장을 덮치러 가고. 그러다가 미행이 붙어 결국 안젤로티도 자결을 하고, 카바라도시도 목숨을 잃게 되잖아요. 그 과정에서 (사실 죽어 마땅하긴 했지만) 스카르피아도 살해당하고 말이죠. 그러고 보니 등장한 남자들 중에 성당지기만 빼고 나머지는 다 억울하다면 억울한 죽음을 맞네요. 아, 제발!

장　오페라에 등장하는 남자들에게 토스카는 진정 '마이너스의 손'인가요. 절대 알고 지내면 안 되는 미모의 여주인공. 그녀에게 사랑받으면 질투 때문에 죽고, 미움받으면 칼부림당하며 죽음을 맞이하고, 무섭네요. 어떻게 보면 카르멘보다 더해요. 거의 그리스 신화에 등장하는 메데이아급인데요?

하지만 생각해보면요, 스카르피아 총경은 이미 로마 전역에 충분한 경찰력과 막강한 정보력을 가진 인물이었으니 토스카나 카바라도시가 없더라도 충분히 안젤로티를 잡을 수 있었을 것 같아요. 물론 마렝고 전투에서 프랑스가 승리한 날이니 여유가 없었던 건 사실이지만, 전 정권의 수장이었으니 무슨 수를 써서라도 찾아내지 않았을까 예상해봅니다. 억울한 일을 많이 겪은 우리 여주인공인데 너무 죄를 다 뒤집어쓰는 것도 좀 그렇잖아요?

백 푸치니가 토스카에 반영한 모델은 너무 확실하죠. 부인 엘비라예요. 줄리언 헤일록(Julian Heylock)이 쓴 《푸치니, 그 삶과 음악》을 보면 '유부남으로서의 처신이라는 면에서는 하급 중에도 하급'이라며 푸치니를 평가한 대목이 있어요. 이런 평판에 걸맞게 푸치니는 아내 엘비라의 속을 수도 없이 뒤집어요. 놀기를 좋아하던 푸치니는 항상 자신을 감시하던 엘비라를 피하기 위해 피아니스트를 고용하기도 했대요. 밤에 놀러 나가기 위한 계책을 세운 거죠. 연습실에 있는 것으로 가장하려고 젊은 남자 피아니스트에게 계속해서 자기인 것처럼 피아노를 쳐달라고 했대요. 그래 놓고는 유유히 줄행랑. 남편의 피아노 소리와는 조금 달랐던 연주를 들은 엘비라는 방문을 벌컥 열게 되고, 놀란 피아니스트가 혼비백산해 도망갔다는 이야기는 유명해요.
푸치니가 토리노를 상당히 오래 방문한 적이 있어요. 이 기간 동안 알게 된 코린나라는 여성은 이전 스캔들과 달리 엘비라를 크나큰 절망으로 몰아넣었어요. 비교적 꼬리가 길지 않았던 영악한 푸치니가 일전엔 증거를 남기지 않아서 '긴가민가'했던 엘비라. 이번엔 코린나가 푸치니에게 보낸 연서를 발견하는 바람에 확실한 증거를 잡고 남편을 들들 볶았던 거죠. 〈토스카〉 작곡 기간 동안 살아있는 '질투의 화신'이 매일 푸치니를 닦달했으니, 이 모습이 토스카에게 그대로 반영된 것이 아닌가 생각하는 사람이 상당히 많아요.

오페라 팬으로서는 좀 더 실감 나는 인물을 접하게 된 것에 감사해야 하나요. 희곡에서는 이렇게까지 토스카의 질투가 실감 나지 않았는데 말이죠. 질투란 감정이 푸치니의 음악에 실리며 시너지를 낸 거죠. 때문에 토스카가 안젤로티를 숨겨둔 카바라도시의 집에 쫓아가는 것이 전혀 어색하지 않게 되었고요. 푸치니 입장에서는 별로 유쾌하지 않았겠지만 엘비라가 굉장한 뮤즈가 된 셈이네요. 아, 이래도 슬프고 저래도 슬프군요. 토스카와 엘비라의 상황. 질투가 좀 심하긴 했지만 용서해야 하나요? 우리 토스카.

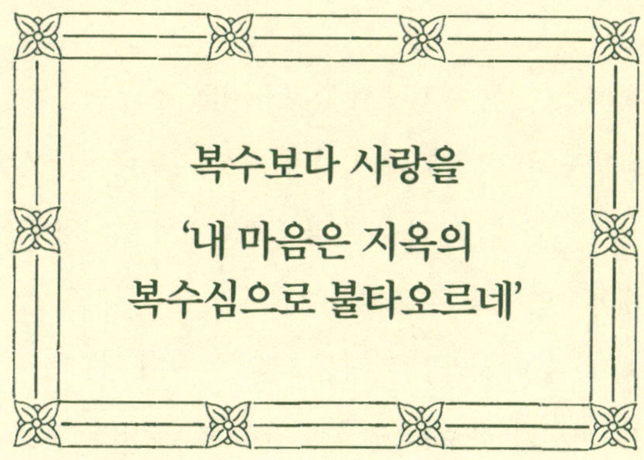

작품	마술피리	Die Zauberflöte
작곡	볼프강 아마데우스 모차르트	Wolfgang Amadeus Mozart, 1756~1791
아리아	내 마음은 지옥의 복수심으로 불타오르네	Der Hölle Rache kocht in meinem Herzen

큰 뱀에게 해를 당할 위기에서 왕자 타미노를 구해준 세 시녀들. 이들은 타미노 왕자에게 밤의 여왕의 딸 파미나의 초상화를 보여준다. 밤의 여왕이 나타나 자라스트로에게 납치당한 딸 파미나를 구해온다면 둘을 결혼시켜주겠다고 약속한다. 초상화를 보고 그녀에게 한눈에 반한 왕자는 밤의 여왕이 건네는 마술피리를 가지고 파미나 공주를 구하러 자라스트로의 성으로 출발한다. 밤의 여왕과 세 시녀에게 새를 잡아 팔고 있는 새 장수 파파게노. 세 시녀가 왕자를 구하느라 물리친 큰 뱀을 자기가 물리쳤다고 허풍을 부린 죄로 이 여행에 동행하게 된다. 두 남자는 자라스트로의 거처에 잠입한다. 자라스트로가 악인이 아닌 의인이며, 사악한 밤의 여왕으로부터 파미나를 데려와 보호해주고 있다는 사실을 알게 된다. 첫눈에 사랑에 빠진 타미노와 파미나는 침묵과 불, 물의 시험을 극복하고 마술피리의 힘을 빌려 사랑을 이루는 데 성공한다. 타미노 왕자와 동행한 파파게노도 그와 꼭 닮은 귀여운 아가씨 파파게나를 만나 사랑에 빠진다. 사악한 밤의 여왕과 그녀의 부하들은 지옥으로 떨어지고 오페라의 막이 내린다.

내 마음은 지옥의 복수심으로 불타오르네

2막에 등장하는 밤의 여왕이 복수심을 불태우며 부르는 아리아. 자라스트로의 성에 잠들어 있는 파미나 앞에 어머니 밤의 여왕이 나타난다. 딸의 손에 칼을 쥐여주며 "자라스트로를 네 손으로 죽이지 않으면 너는 더 이상 내 딸이 아니다"를 외치며 부르는 복수의 노래다.

지옥 같은 복수심이 내 마음속에서 들끓고
죽음과 절망으로 사방이 휘몰아치네.
너의 두 손으로 자라스트로의 목숨을 끊지 못한다면
너는 영원히 내 딸이 아니다.
영원히 추방되고, 버림받고,
우리 모녀의 인연은 영원히 끊어질 것이다.
네 두 손으로 자라스트로의 목숨을 빼앗아라.

복수의 신이시여
나의 이 맹세를 들으소서!

〈마술피리〉와 모차르트의 요절

백   〈마술피리〉는 세상과 동떨어져 있는 오페라 같아요. 보통 고전 오페라들은 역사적 사건이나 신화 등을 소재로 한 작품이 대부분인데, 〈마술피리〉는 이들에 비해 소재가 좀 특이해요. 현대풍으로 연출한 〈마술피리〉에 외계인이 등장하는 경우도 있을 정도로요. 캐릭터의 정체를 좀처럼 알 수 없다고나 할까요? 어디서도 들어본 적 없는 '밤의 여왕'이라든지 이름도 생소한 자라스트로라든지.

장   그렇기도 하네요. 마법이 등장하는 오페라에선 주로 인어 공주나 물의 요정 등이 나와 관객들에게 친근한 동화 느낌을 선사하죠. 이 오페라에서는 지금까지 등장한 적 없는 '이시스', '오시리스' 같은 이집트 신들이 등장해요. 게다가 자라스트로(Sarastro)는 우리가 배화교(拜火敎)로 알고 있는 종교 집단의 창시자 '조로아스터'를 일컫거든요. 니체가 쓴 《차라투스트라는 이렇게 말했다》의 주인공이기도 하고요. 조로아스터의 독일식 발음이 차라투스트라니까, 오페라 〈마술피리〉에는 차라투스트라가 등장하는 거죠. 생소하고 복잡해요.

백   모차르트가 요절하게 된 큰 원인 중의 하나가 이 복잡한 오페라 때문이라면서요?

장   전 살리에리 때문인 줄 알았는데요, 하하. 뭐 살리에리는
    푸시킨 희곡에서 모함하던 인물이니까 농담이라고 해도,
    마지막 작품 〈레퀴엠〉 때문에 과로사한 게 아니었나요?

백   모차르트 정도의 실력이라면 한 번에 한 곡씩만 작곡해도
    과로사할 일은 없었을 텐데요. 영화 〈아마데우스〉에서 흰
    머리 가발 쓰고 피아노 치던 왕이 요제프 2세인데, 모차르
    트를 물심양면으로 밀어줘요. 요제프 2세가 사망하자 모
    차르트는 경제적 어려움에 빠지죠. 후임 왕 레오폴트 2세
    가 보헤미아의 왕으로 등극하면서 모차르트는 기념작 〈티
    토왕의 자비〉를 작곡하게 됩니다. 이게 잘되어 새 왕에게
    잘 보이면 궁핍에서 벗어날 수 있겠구나 생각하지 않았겠
    어요? 이 와중에도 그는 돈은 벌어야 하니 집에서도 이동
    하는 마차에서도 쉬지 않고 〈레퀴엠〉과 〈마술피리〉를 동시
    에 작곡했대요. 그러면서도 〈티토왕의 자비〉라는 걸작을
    단 18일 만에 작곡하는 데 성공합니다. 그러나 누적된 피
    로에 결국 〈마술피리〉를 지휘하다 쓰러져 〈레퀴엠〉을 흥얼
    거리며 죽음을 맞이하게 되지요. 아휴 불쌍해라.

장   마음이 짠합니다. 여러 가지 일을 한꺼번에 하며 살아가는
    현대인 같네요. 요새는 사람들이 한 가지 직업만 갖는 게
    아니라 여러 일을 동시에 하는 경우가 많잖아요. 낮에는
    직장 다니고, 밤에는 배달 일과 대리운전을 하고. 그러다
    과로사하는 사람이 종종 있다는 소식을 뉴스에서 듣는데,

모차르트가 딱 그랬네요.

백 'n잡러'가 아니라 'n작곡러'라고 불러야겠습니다. 저는 학생 시절에 〈티토왕의 자비〉를 처음 들었어요. 적어도 3년은 깊은 고민과 사색에 빠져 쓴 작품이겠다 싶었는데, 18일 만에 작곡했다는 이야기를 평전에서 읽곤 정말 천재는 따라잡기 불가능하구나 하는 생각이 들었어요. 〈마술피리〉, 〈레퀴엠〉도 죽을 만큼 건강이 나빠진 상태에서 바쁘게 써내려간 작품들일 텐데 숭고함마저 느껴지는 명곡들이거든요. 작곡가의 저작권이 확립된 시대에 살던 푸치니는 말 그대로 백만장자로 생을 보냈는데, 저작권이나 작곡가의 권리가 없던 시대를 산 천재 작곡가는 이렇게 빈털터리로 과로사하고, 참 씁쓸합니다.

장 우리 모두 생각해볼 만한 문제죠. 예술은 공짜가 아닌걸요. 그런데 그 당시 사람들은 모차르트 같은 유명 작곡가가 돈이 없어서 힘들었다는 건 상상도 못 했나 봐요. 모차르트가 궁핍을 벗어나려 과로한 것은 전혀 모른 채 그의 죽음에 대한 여러 가지 설만 분분했거든요. 푸시킨처럼 '살리에리 음모론'을 펼친 사람이 있었는가 하면 오페라 〈마술피리〉에서 모차르트가 프리메이슨의 비밀 의식을 폭로했기 때문에 암살당했다는 설도 있고요.

백 프리메이슨! 저는 이 이름 들을 때마다 톰 크루즈가 생각나요. 좀 뜬금없긴 하지만 보수적인 유럽 사회에서 비밀 결사

종교 단체라니. 마치 톰 크루즈의 '사이언톨로지' 같단 말이죠. 외부인의 출입이 통제되는 사원이라든지, 처음 들어보는 외계인 교리라든지, 그런 생소한 형태가 비밀 단체였던 프리메이슨을 떠오르게 해요.

장 모차르트가 이 오페라를 작곡할 무렵에는 오스트리아에서 프리메이슨의 위치가 흔들리고 있었대요. 그래서 프리메이슨의 또 다른 일원이었던 쉬카네더와 모차르트 모두 '아니 뭐 프리메이슨 의식 좀 오페라에 쓴다고 무슨 일이 있겠어?' 하며 가볍게 생각했었나 봐요. 그런데 정작 프리메이슨 쪽에서는 무척 분노했다고 하죠. 베일을 쓰고 오시리스 성전으로 들어가는 장면, 불과 물의 시련을 거치고 인정받는 장면, 눈을 가리고 맹세하는 장면들이 프리메이슨 비밀 의식의 일부였거든요. 이런 은밀한 장면을 무대에 올렸으니 비밀이 더 이상 비밀이 아니게 된 거죠. 프리메이슨 관련 폭로는 가톨릭 교회에서도 모차르트를 멀리하게 만들었어요. 실제로 모차르트의 장례를 치러야 하는데, 이교도 신자라며 신부님들 대부분이 장례 집전을 거부해 장례 치르는 데 애를 먹었다는 기록이 있어요. 양쪽 모두에게 미움을 산 거죠. 〈마술피리〉 때문에요.

백 명작은 남았는데 작곡자는 궁지에 몰렸군요. 불쌍해라.

장　이게 바로 그 유명한 일명 '밤의 여왕' 아리아잖아요. 오페라사에서 어쩌면 가장 유명하고 동시에 가장 높은 음이 계속해서 등장하는 아리아! 소프라노 조수미를 일약 세계적 스타 성악가로 만들어준 아리아이기도 하죠.

백　이 유명한 아리아 덕에 사람들이 〈마술피리〉의 주인공을 밤의 여왕으로 잘못 아는 경우도 종종 있어요. '밤의 여왕'은 알아도 〈마술피리〉는 모르는 사람이 더 많을걸요? 우리나라는 특히 더 그래요. 아마도 우리 어릴 때 등장했던 팝페라의 원조 키메라 때문이 아니었나 싶어요.

장　사실 키메라가 '밤의 여왕' 아리아만 부른 건 아니에요. 아리아를 메들리처럼 엮어서 불렀는데 대단히 구성이 좋았고 인기도 있었죠. 확실한 건 화려하게 눈 화장을 한 키메라가 금색의 우주인 같은 옷을 입고 이 '밤의 여왕' 아리아를 불렀다는 거예요. 늘 웃는 얼굴로 편하게 불러서 어려운 아리아란 인식은 또 없었던 것 같아요. 제가 오페라를 좋아하게 된 데는 키메라의 역할이 컸어요. 음반을 사기도 했으니까요.

백　우리가 화면으로 보던 공연은 거의 더빙 방송이었더라고요. 천하의 조수미도 온갖 안면 근육을 동원해서 극한 고음을 내는데, 키메라라고 뾰족한 수가 있겠어요? 아마 롸이브로 노래하는 방송이었다면 음악 방송이 아니라 〈세상에 이런 일이〉로 편성되어야 했을지도 몰라요.

장 저도 성악 공부를 했지만 여자 고음은 남자보다 쉽지 않을까 생각했는데, 그 정도인가요? 모든 여자 성악도들이 한 번씩은 다 불러보는 도전 곡 같은데 말이죠. 그렇게 부르기 어려운 고음인가요? 선생님은 불러본 적 없으셔요?

백 메조소프라노에게 '밤의 여왕'이라. 정말 스릴 넘치는 도전이 되겠는데요? '밤의 여왕' 아리아에 등장하는 극고음이 보통 성악가들이 이야기하는 '하이 F'예요. 우리가 보통 중심으로 잡는 '도' 음에서 한참 올라가요. '도레미파솔라시도'까지 올라갔다가 다시 '도레미파솔라시도' 그 두 번을 올라가고도 한 번 더 '도레미파'까지 올라가야 있는 음정이에요. 그야말로 사람들이 흔히 말하는 '3단 고음'의 원조 격인 높이인 거죠. 저는 '하이 F'라고 안 부르고 '하이하이 F'라고 부른다니까요, 하하. '하이하이 F' 음을 저도 부를 순 있긴 해요. 가끔 장난처럼 부르기는 하지만 굳이 연습하진 않죠.

장 그런 극고음을 내는 게 가능하다면 전곡도 얼마든지 가능하지 않을까요? 메조소프라노가 부르는 '밤의 여왕'이라. 정말 센세이셔널할 텐데 왜 부르지 않는 거죠?

백 저처럼 중저음을 많이 쓰는 가수는 고음 가수에 비해 성대가 좀 더 크고 두꺼운 편이에요. 마치 운동선수가 다리 찢기 연습하듯 스트레칭을 하면 어떻게든 고음이 나기는 해요. 하지만 원래 가동 범위에서 한참 떨어진 음역을 계속 연습하다 보면, 성대가 늘어난 티셔츠의 목 부분 같이 변하지 않을까요? 자기가 가진 성대에서 가장 좋은 소리를 내야 하는데, 이렇게 성대를 망가뜨리면 원래 잘하던 것도 못하게 돼요. 역시 진리는 '생긴 대로 살자'인 거죠. 특별히 성대에 관해서는요.

고음의 원리는 '스트레칭'과 비슷해요. 목소리를 내는 성대가 1.5~2센티미터 정도 되는 작은 근육과 점막인데, 이 성대가 가늘고 길어져야 고음이 잘 나요. 크고 두꺼운 성대보다는 작고 얇은 성대 쪽이 더 유리하죠. 하지만 성대가 크든 작든 몸이 긴장한다면 성대도 같이 긴장하고 경직되어 제대로 늘어나기란 불가능해요. 목 근처 근육을 부드럽게 유지하는 것은 좋은 고음을 내기 위해 정말 필요한 일입니다. 그래서 학생들에게 고음을 가르칠 때 여러 가지 근육 이완 연습과 스트레칭을 같이 시켜서 힘을 풀게 하죠.

장 아하 노래방에서 얼굴이 빨개지도록 힘주면서 고음 내려던 사람들이 오히려 고음이 안 나는 이유가 이런 거군요.

백 맞아요. 온몸이 요가 강사처럼 유연해도 날까 말까 하는 고음인데, 소리 내려고 얼굴색이 변할 정도로 힘을 주면 어떻게 스트레칭이 되겠어요.

장 그럼 이런 스트레칭이 잘되는 성대가 따로 있을까요? 일명 밤의 여왕 성대?

백 조절하기 쉬운 작고 예쁜 성대를 가진 분들이 고음을 내는 게 비교적 쉽죠. 그런 성대의 소유자들이 로시니 스타일의 아질리타와 같이 빨리 성대를 움직여야 하는 노래를 잘 부르는 것 같아요.

장 그러고 보면 지금도 유명한 밤의 여왕들은 신체가 아담한 분들이었던 것 같아요. 조수미도 상당히 날렵한 몸매고, 소프라노 나탈리 드세(Natalie Dessay), 루치아 포프(Lucia Popp), 디아나 담라우(Diana Damrau) 등도 다른 소프라노들에 비해 아담하지요. 키도 고음과 상관이 있는 걸까요?

백 키가 크면 손도 크듯이 성대도 키가 크면 상대적으로 크고 길 가능성이 커요. 키가 작고 특별히 목이 짧은 편이라면 성대도 고음에 알맞게 작은 사이즈일 가능성이 크겠죠? 물론 고음 가수 중에 키가 큰 분들도 계시지만 매우 드물어요. 키가 크고 손발이 작은 아주 희귀한 케이스와 비슷하달까요? 그러고 보니 항상 두툼하고 튼튼한 제 목이 마음에 들지 않았는데, 이제는 할 수 없다는 생각이 드는군요. 직업병 같은 걸로 생각하고 포기해야 하나 봐요.

장 중저음을 위한 튼튼하고 두꺼운 목이라면 얼마든지 견디셔야죠, 하하.

밤의 여왕은 누구인가

백 이런 아리아를 작곡하려면 일단 엄청난 고음을 낼 수 있는 소프라노가 있는지 확인하는 게 먼저 아닐까요? 무리한 고음을 이용해 곡을 만들었는데, 아무도 부를 사람이 없으면 곤란하니까요. 저는 영화 〈아마데우스〉에서 이 아리아를 인상 깊게 들었어요. 후반부에 모차르트의 장모가 병약해진 콘스탄체와 손자를 온천으로 보낸 뒤에 모차르트에게 마구 잔소리 폭격을 할 때 등장하는 아리아잖아요. 너무 절묘한 오버랩이라 저를 포함해 모든 영화 관객들이 깔깔대며 봤거든요. 실제로 장모님이 고음을 잘 내셨나? 싶은 거죠.

장 장모님은 아니지만 초연 가수는 장모님과 아주 가까웠죠. 바로 그 댁의 따님이었으니까요. '밤의 여왕'을 처음으로 부른 성악가는 모차르트의 부인 콘스탄체의 언니 요제파였어요. 모차르트의 처가는 무려 작곡가 카를 마리아 폰 베버(Carl Maria von Weber)와 같은 집안이에요. 〈마탄의 사수〉를 작곡한 그 베버와 친척이었죠. 모차르트의 부인 콘스탄체는 두 명의 언니와 여동생이 있었어요. 모차르트는 한때 둘째 언니인 알로이지아에게 홀딱 빠져 있었지만, 알로이지아는 모차르트에게 전혀 관심이 없었죠. 당시 유명한 성악가였던 알로이지아 덕분에 모차르트의 처가는 만하임에서 빈으로 이사할 정도로 부를 쌓게 돼요. 첫째 딸 요제파는 〈마술피리〉의 대본가이자 초연에서 파파게노를 부른 쉬카네더의 극장 소속 가수였고요. 알려진 바에 의하면 요제파는 고음이 아주 좋은 가수였다고 하죠. 모차르트가 그녀를 염두에 두고 이 아리아를 작곡했다는군요.

백　모차르트의 처가인 베버 가문의 네 딸이 노래를 다 잘했다고 들었어요. 콘스탄체도 모차르트와 일찍 결혼하지 않았다면 훌륭한 성악가가 되었을 거라는 이야기도 있었죠.

장　맞아요. 베버 가문의 딸 중에 특히 요제파는 고음과 빠른 노래를 민첩하게 불러내는 남다른 재능이 있었다고 해요. 이런 처형의 장점을 알고 모차르트가 그녀를 위해 〈마술피리〉에서 가장 유명한 아리아 두 곡을 작곡했죠. 모차르트는 매우 훌륭한 제부 아닌가요? 그녀는 정말 공연을 잘 해냈고, 모차르트는 그녀의 훌륭한 가창에 감동했다고 전해져요. 1840년 이그나츠 폰 자이프리트(Ignaz von Seyfried)의 편지를 보면, 임종을 앞둔 모차르트가 처형의 공연을 보면서 아내에게 속삭였던 대목이 등장합니다.

"조용. 이제 처형이 두 번째 아리아 '지옥의 복수'를 부르기 시작했어. 비플랫(Bb)을 얼마나 강하게 치고 유지하는지 들어봐. '들어라! 들어라! 들어라! 어미의 맹세를!'"

백　모차르트는 아버지의 반대를 무릅쓰고 결혼한 걸로 아는

데 소문난 애처가인 것도 모자라 처제에게도 역사적 아리아를 선물했군요. 장모가 사위에게 영화에서처럼 잔소리 세례를 했다면 모차르트 입장에선 좀 억울했겠어요.

장 장모의 따발총 같은 잔소리는 결혼 전부터 유명했죠. 모차르트의 장모는 빈으로 이사를 오자마자 하숙집을 운영하며 네 딸을 키워요. 여자뿐인 집에 모차르트처럼 유명한 총각이 들락거리니 딸들 평판이 걱정되는 건 자연스러운 일이었죠. 게다가 모차르트는 이미 둘째 알로이즈에게 구애했다 실패하고, 이제 셋째 콘스탄체와 사귀는 사이가 되었잖아요? 호사가들의 입에 오르내리기 딱 좋은 상황이니 긴장할 수밖에요. 그래서 장모가 모차르트에게 '앞으로 3년 이내에 콘스탄체와 결혼하거나 아니면 매해 300굴덴의 돈을 지급하라'는 조건을 걸어요. 조건만 봐도 모차르트가 들었을 잔소리 강도가 어느 정도였을지 예상이 됩니다. 콘스탄체는 이런 잔소리가 지긋지긋해 세 번이나 가출했다고 해요.

백 콘스탄체는 힘든 상황을 이기고 결혼한, 어쩌면 순애보 있는 여인이었던 것 같아요. 이런 콘스탄체가 크산티페, 소피아 다음으로 세계 3대 악처에 들다니 좀 이상한데요.

장 콘스탄체는 세기의 악처로 알려져 있는데 사실은 그렇지 않았다고 합니다. 심지어 그녀가 무식하고 음악적 소양도 없으며 남편에게 관심도 없었다는 소문도 무성했죠. 하지만 그녀는 〈마탄의 사수〉를 작곡한 베버의 사촌이고, 그녀를 포함한 네 자매가 모두 성악가죠. 특히 콘스탄체는 모차르트의 〈C단조 미사 K427〉의 초연 소프라노이기도 했고요. 음악적 소양은 차고 넘쳤어요. 그녀가 과부로 평생 수절하지 않고 개가(改嫁)를 했기 때문에 배신감을 느낀 사람들이 이런 소문을 냈다는 말이 있어요. 하지만 콘스탄체는 모차르트의 열혈 팬이었던 게오르크 니콜라우스 폰 니센(Georg Nikolaus von Nissen)과 재혼해서 모차르트를 현세까지 유명한 작곡가로 남기는 데 일조했지요. 폰 니센은 모차르트의 편지 400여 통을 수집해서 전기를 내는 공을 세운 인물이에요. 가난하게 모차르트의 두 아들을 키우던 콘스탄체에게 경제적 안정을 주고, 그녀가 모차르트의 음악을 모아 그의 음악을 재조명하고 후대에 길이 남기는 데 큰 도움을 줬죠. 심지어 그의 묘비에는 '모차르트의 미망인 남편'이라는 문구가 새겨져 있을 정도입니다.

백 아니 죽은 사람을 기리며 남기는 묘비 문구에 '모차르트 미망인 남편'이라고요? 제가 모차르트의 어머니였으면 뿌듯했을지 모르지만, 폰 니센의 어머니였으면 너무 속상했을 것 같아요.

장 하하하. 폰 니센이 그렇게 불리길 바랐다면 그게 뭐든 묘비에 새겨줘야죠. 게다가 그의 인생 역작인 모차르트 전기를 집필하던 도중 죽음을 맞았으니 이해가 되기도 합니다.

모차르트를 동경하다가 모차르트 미망인과 결혼했으니 요샛말로 '성공한 덕후'쯤 되는 게 아닐까요?

백 18세기 성덕이라. 하긴 18세기도 다 사람 사는 세상인데 덕후가 없을 수는 없죠. 어쩌면 요즘처럼 엔터테인먼트가 흔하지 않던 시절이라 더하면 더했지 덜하진 않았을 것 같아요. 만일 모차르트가 제 목소리를 연구해 '밤의 여왕' 같은 아리아를 제게 남겨줬다면 덕질하다 못해 머리카락으로 짚신이라도 엮어 드렸을 텐데요. 사위 잘 들어와서 베버 집안은 참 큰 복을 받았네요. 미망인 콘스탄체도 모차르트 덕분에 재혼을 잘한 것 같고요.

장 천재적인 작곡 솜씨도 물론 중요하지만 역시 모든 일에는 건강이 우선이고 본인이 잘 챙겨야 할 것 같습니다. 〈마술 피리〉는 좀 쉬엄쉬엄 쓰고 건강을 챙겼더라면 수십 편의 모차르트 명작 오페라가 세상에 더 남았을 텐데 하는 아쉬운 마음이 드네요.

XIV

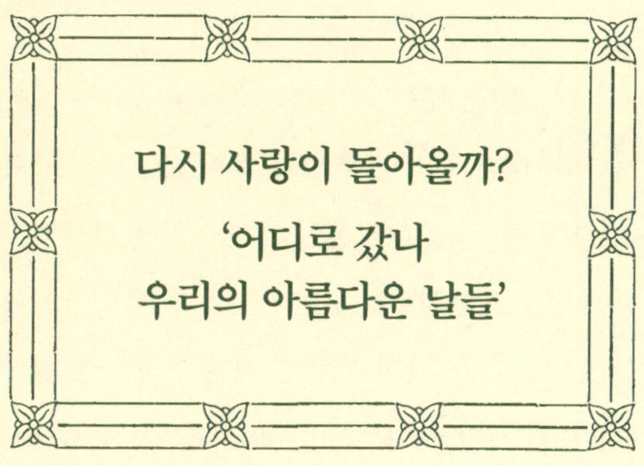

작품	피가로의 결혼	Le nozze di Figaro
작곡	볼프강 아마데우스 모차르트	Wolfgang Amadeus Mozart, 1756~1791
아리아	어디로 갔나 우리의 아름다운 날들	Dove sono i bei momenti

보마르셰의 《미친 날, 또는 피가로의 결혼》(1778)을 기초로 하여 완성한 오페라. 대본가인 다 폰테가 피가로를 주인공으로 하는 보마르셰 3부작 중 두 번째 작품인 이 이야기를 각색해 모차르트와 역사적인 명작을 완성했다. 3부작의 첫 번째 이야기이자 로시니 작곡의 오페라 〈세비야의 이발사〉의 후속작으로, 전작에서 피가로의 도움으로 사랑을 이룬 알마비바 백작과 로지나가 백작과 백작 부인으로 등장한다. 막이 열리면, 피가로의 신부 수잔나의 투덜거림이 시작된다. 음흉한 알마비바 백작이 초야권을 들먹이며 새 신부 수잔나를 향한 흑심을 숨기지 않고 있기 때문이다. 새 신랑 피가로는 은혜를 모르는 백작에게 복수하고 싶지만 새로운 주인님이 된 백작이기에 쉽지만은 않다. 게다가 피가로는 마르첼리나에게 진 빚을 갚지 못하면 그녀와 결혼해야 하는 문제로 골치가 아프다. 피가로는 우연히 마르첼리나에게 몸에 있는 문신을 이야기하고, 그가 마르첼리나와 바질리오의 아들이란 사실이 밝혀진다. 마르첼리나와 바질리오는 결혼을 약속하고, 피가로의 빚 문제도 해결된다. 한편 수잔나로 변장해 남편 알마비바 백작과 어두운 정원에서 밀회하는 백작 부인은 이로써 백작의 불륜 증거를 잡는 데 성공한다. 결국 무릎을 꿇고 용서를 구하는 백작. 둘은 화해하며 오페라의 막이 내린다.

어디로 갔나 우리의 아름다운 날들

3막에 등장하는 백작 부인 로지나의 아리아. 사랑이 넘치던 남편 알마비바 백작과의 옛일을 회상하며 부르는 슬픔과 안타까움이 가득한 노래다.

달콤한 기쁨으로 가득했던
즐거웠던 우리의 지난 날들은 어디로 갔나요.
부정직한 입술로 얘기했던 당신의 사랑 맹세
그 굳건한 맹세는 어디로 갔나요.

왜 모든 것이 변해버려 눈물과 고통만 남았어도
내 마음속 당신과의 아름다운 기억들은 사라지지 않는 건가요.

아! 우리 사랑을 향한 변함없이 충실한 나의 마음이
그의 사랑이 다시 돌아올 거라는 믿음으로 가득 찰 수 있다면
그가 내게 돌아올 수만 있다면!

충격의 보마르셰 3부작

장 드디어 오페라 중의 오페라 〈피가로의 결혼〉이 등장했네요!

백 선생님, 〈피가로의 결혼〉 좋아하시는군요?

장 원래는 그렇게 좋아하지 않았는데요, 2015년 잘츠부르크 페스티벌에서 보고 완전히 반하게 됐어요.

백 오, 그 유명한 프로덕션. 상당히 특이한 현대극 버전 아니었나요?

장 맞아요. 1920년대 영국을 배경으로 해서 시대적으로 훨씬 친밀감이 들면서도 여전히 클래식한 기분도 느낄 수 있는 황홀한 무대였어요. 스벤 에릭 베흐톨프(Sven-Eric Bechtolf) 연출가의 마지막 잘츠부르크 페스티벌 작품이었던 걸로 기억합니다.

백 모차르트 작품 대부분이 시대를 바꾸어 연출해도 촌스럽거나 어색하지 않아요. 신기하더라고요. 〈코지 판 투테〉도 청바지 입고 부르는 프로덕션이 있었는데, 오히려 더 잘 어울리기까지 했고요. 시대는 달라도 사람들이 느끼는 기본적인 감정은 같으니까요. 주인공이 느끼는 감정을 곡으로 잘 써낸 모차르트가 참 대단해요.

장 보이지 않는 감정을 들리는 음악이나 보이는 그림으로 잘 옮겨 표현하는 것이 예술가의 가장 큰 의무이자 업적이 아닐까 생각합니다. 모차르트가 이를 잘 해내었으니 현대까지 잊히지 않고 끊임없이 칭송받는 것이겠죠.

백 예나 지금이나 막장 스토리가 극의 주제로 많이 쓰이는 것도 그대로지요. 〈피가로의 결혼〉에 늘 따라붙는 말이 '〈피가로의 결혼〉은 보마르셰 3부작 중 두 번째 작품이다'잖아요? 로시니가 작곡해서 유명해진 〈세비야의 이발사〉가 1부, 모차르트가 작곡한 〈피가로의 결혼〉이 2부, 그럼 3부가 뭐지? 하고 찾아봤다가 〈죄 많은 어머니〉 내용을 보곤 깜짝 놀랐습니다.

장 대체 내용이 어떻길래요? 사실 1부에서 2부로의 변화도 충격인데 이보다 더한가요?

백 1부에서 나이 많고 음흉한 바르톨로의 후견 아래 있던 젊고 아름다운 로지나가 바르톨로와 강제 결혼을 할 위기에 처하잖아요. 이때 '짠!' 하고 수퍼맨처럼 나타나는 알마비바 백작. 그리고 알마비바 백작의 조력자 피가로가 극을 완벽한 해피엔딩으로 마무리하죠. 우리가 2부에서 만나는 알마비바 백작은 바르톨로 못지않은 욕심쟁이 귀족으로 등장해요. 평생 로지나를 사랑해줄 것처럼 약속하곤 2부에서 다른 여인도 아닌 조력자 피가로의 아내가 될 수잔나를 호시탐탐 노린단 말이죠. 여기에는 요새로 치면 조숙한 중학생 정도 되는 귀여운 소년 시동 케루비노가 등장해 잠시 백작 부인에게 사랑을 고백하기도 해요. '귀엽네' 정도로 넘어갈 부분이죠. 어쨌든 수잔나와 로지나, 피가로가 의기투합해서 백작의 음흉한 모습을 만천하에 공개해요. 백작은 결국 자기 잘못을 뉘우치고 영화 〈아마데우스〉에도 등장하는 유명한 장면을 연출합니다. 기억나세요? "부인 나를 용서하시오(Contessa perdono)" 하고 말하는 장면이요. 작곡가 살리에리가 감동과 질투의 복잡한 감정을 어쩌지 못하며 "진정한 용서가 모든 극장에 차고 있었다. 하느님이 모차르트를 통해서 세상에 이야기를 전하는 것 같았다"라고 영화에서 이야기할 정도로 엔딩이 감동적이었어요.

장   거기서 딱 끝이 나야 하는데 "그래서 그 둘은 행복하게 살았습니다" 이렇게요. 원래 희극은 해피엔딩으로 끝나야 관객들이 개운하게 집에 돌아가는 거 아니겠어요?

백   동화책은 그렇게 끝나야 옳지만 이 마지막 이야기는 가히 충격적입니다. 백작이 일 때문에 몇 년간 집을 비우게 되는데, 이때 장성한 케루비노와 백작 부인이 어쩌다 하룻밤을 보내게 돼요. 백작 부인은 죄책감에 "우리 다시는 이러지 말자"라고 케루비노에게 이야기하고, 절망에 쌓인 케루비노는 군대에 입대했다가 결국 전쟁터에서 목숨을 잃죠. 케루비노가 자기 때문에 죽게 되었다는 죄책감에 싸인 백작 부인은 뒤늦게 임신 사실을 알게 되고 아들을 낳아요. 백작도 그 못된 버릇을 못 고치고 밖에서 딸 하나를 낳아 집으로 데려오죠.

이야기는 길지만 백작 부인과 케루비노의 아들 레옹, 백작이 밖에서 낳아 온 딸 플로레스틴이 결국 사랑에 빠진다는 내용이에요. 정말 요새 막장 영화로 나왔어도 화제가 될 만한 소재인데 18세기에 이런 내용이라니. 당시 인기를 끌면서 사회 분위기마저 들썩였다고 하죠. 많은 사람이 이 3부작 때문에 프랑스 혁명이 일어났다고 말하기도 해요.

장 이전에는 없던 귀족의 실망스러운 모습을 세상에 폭로하던 피가로와 수잔나의 모습에 시민들이 용기를 얻었으니까요. 보마르셰는 이 3부작을 1775년에 시작해 1792년에 마무리 지어요. 프랑스 혁명이 1789년에 일어났으니까 이 작품들은 그야말로 혁명의 회오리 한가운데에서 태어나 프랑스 국민들에게 중요한 영향을 미쳤어요. 앞서 언급했듯이 혁명 후 1826년 창간된 〈르 피가로〉 신문이 바로 주인공 피가로의 이름을 땄죠. "비난할 자유가 없으면 진정한 칭찬도 있을 수 없다." 〈피가로의 결혼〉 마지막 장면에 등장하는 피가로의 독백을 모토로 해 프랑스 시민 정신을 기린 거예요. 피가로가 오페라에 등장하는 그저 위트 있고 즐겁기만 한 인물은 아니었던 거죠.

백　그런데 생각해보면 이렇게 중요한 프랑스 혁명의 주인공이 프랑스 사람이 아니에요. 〈세비야의 이발사〉가 1부 제목이니까 이 모든 일들은 스페인의 세비야에서 일어나고 있는 일이란 말이죠.

장　당시에는 세비야가 지금의 뉴욕 같았어요. 유럽의 내륙과 해외를 잇는 상업과 무역의 중심지였죠. 부유하고 소위 '힙한' 도시였어요. 그래서 오페라나 희곡에서 배경 무대로 여러 차례 쓰이기도 했어요.

백　뉴욕이라고 하니 이해가 빠르네요. 많은 영화 배경이 뉴욕인 것처럼요. 당시 세비야가 딱 그랬군요.

장　또 다른 이유도 있었어요. 희곡이나 오페라 내용에 논란의 여지가 보이면 주인공들을 세비야 사람으로 둔갑시키곤 했어요. 보마르셰 3부작처럼 지탄의 대상이 되는 희한한 자태의 주인공이 등장하거나 오페라 〈카르멘〉처럼 남자가 여자를 칼로 찔러 살해하는 사건처럼 당시로는 받아들이기 힘든 일이 일어날 때는 더욱 그랬죠.

백　아니 왜요? 프랑스는 안 되고 스페인은 되나요? 같은 유럽인데 뭐가 다를까요?

장　세비야가 스페인의 안달루시아 지방에 있잖아요? 이슬람이 15세기까지 안달루시아 지방을 지배했고, 세비야는 오 랫동안 이슬람 국가의 주요 도시로 있었어요. 유럽에선 세 비야 사람을 이슬람 사람, 아프리카 사람으로 봤다는군요. 그래서 아주 희한한 이야기를 만들어내도 "아 그 사람들 아프리카 사람들이라 우리랑 좀 많이 달라." 이렇게 치부 하고 넘어갈 수 있었던 거죠. 그러니 도를 넘는 심한 이야 기를 써도 안심할 수 있었고요.

백 우리가 알지 못했던 당시 지역색이라는 게 존재했군요.

장 지역색을 이용해서 하고 싶은 이야기를 했으니 어쩌면 유 용한 지역색이었달까요. 점잖은 유럽인인 척하지만 그렇 지 않고 싶은 순간도 있었을 테고, 스스로 보수적인 유럽 인이라고 생각하지만 실은 지루한 일상을 견뎌내고 있던 걸지도요. 그렇다 한들 논란이 될 만한 사건이 자기 옆집 에서 일어나는 건 아무리 픽션이라도 곤란했겠죠. 그런데 세비야라면 이 모든 이야기가 가능했어요. 아니, 모든 일이 용납됐어요. 같은 유럽권이라 그리 멀지 않아 현장감도 느 껴지고 세비야 사람들은 이슬람이나 아프리카인으로 쳤 으니 대충 이해하고 넘어가면 될 일이고요. 실제로 다양한 인종이 살고 부유함이 넘쳤던 도시라 이야기를 지어내기 엔 안성맞춤인 곳이었다고 해요. 스페인이나 아라비아풍 의 음악을 넣어서 이국적인 분위기의 장면을 연출해볼 수 도 있고요. 오페라 무대로 만들기에 이보다 더 좋은 배경은 없었을 것 같은데요?

백 여기저기서 몰려와 함락시키고 함락되느라 고생한 도시이지만 덕분에 오페라 〈카르멘〉과 보마르셰 3부작, 특히 〈피가로의 결혼〉, 아니 〈세비야의 이발사〉의 무대가 되었으니 보람이 있다고 말해도 되려나요? 고생 끝에 오페라가 왔네요.

초야권이 웬말이냐

장　배은망덕도 유분수지. 어떻게 알마비바 백작은 이리도 뻔뻔한 걸까요? 첫눈에 반한 아름다운 로지나를 얻게 해준 사람이 피가로잖아요. 피가로가 없었다면 로지나와의 결혼은 불가능했을 텐데, 피가로가 장가를 간다니까 그 부인이 될 수잔나를 노리다뇨. 〈세비야의 이발사〉에서 알마비바 백작이 로지나에게 사랑을 고백할 때 대사가 절로 생각나더라고요. "나의 사랑은 영원합니다. 아침부터 밤까지 언제나 당신을 사랑할 거요." 창문 밑에서 절절하게 사랑을 맹세한 지가 얼마나 되었다고. 따지고 보면 피가로는 백작의 친구예요. 말하자면 제수씨를 넘본 격이죠.

백　동감. 모르는 아가씨에게 집적댔어도 배신감을 느낄 마당에 친구 약혼녀라니요. 하필이면 피가로의 약혼녀인 수잔나가 백작 영지에 사는 하녀라는 게 또 이 이야기의 복잡한 지점이기도 해요.

장　복잡한 지점이라….

백　당시 유럽 전체를 떠돌던 괴담 같은 이야기가 있었어요. '초야권'이라고 프랑스어로는 Droit de seigneur, 스페인에서는 Derecho de pernada라고 불렸는데, 이 두 언어 말고도 라틴어, 영어로도 존재한 '영주의 권리'였어요.

장   아! 〈피가로의 결혼〉에도 이를 언급하는 피가로의 대사가
    존재해요. 백작 부인과 수잔나, 피가로 셋이 모여서 백작이
    무슨 짓을 하려는지 이야기하죠. "우리 주인님은 내 신부
    에게 매료당한 나머지 예로부터 내려오던 봉건 영주의 권
    리를 비밀스럽게 행사하려 하네."

백   저는 초야권 하면 영화 〈브레이브 하트〉가 먼저 생각나요.
    꽤 어릴 때 보았던 영화인데, 영주가 초야권을 행사하려고
    군인들을 보낸 장면이 정말 야만스럽기 짝이 없었거든요.
    '첫날 밤'의 권리를 행사하러 왔다며 군인들이 들이닥치는
    데, 거칠게 반항하는 신랑의 목숨을 구하고자 순순히 떠
    나는 신부의 애처로운 모습이 기억에 남아요. 매번 마을에
    결혼식이 있을 때마다 이런 일이 일어났다면 아무리 강력
    한 영주나 군주가 있어도 체제가 흔들리기 마련일 텐데요.

장   초야권이 이름만 있었고 사실 행해진 적은 없었다고 주장
    하는 학자들이 많아요. 정확히 기록으로 남은 건 한 케이
    스 정도예요. 16세기 말에 스페인 카탈루냐 지방에서 한
    영주가 초야권을 내세우며 새 신부를 희롱했다는군요. 이
    추행만으로도 농민 폭동이 일어났다고 기록되어 있어요.
    정말 영주들이 따박따박 초야권을 행사했으면 유럽 전체
    가 들썩거렸을 테니 이런 이유로 초야권은 없었다는 거죠.

백   초야권이라는 것이 이름만 명분으로 두고 세금을 걷기 위
    한 구실이었다는 이야기도 있어요. 영지에서 결혼하는 남

너에게 "원래 영주에게는 신부와의 첫날 밤을 함께할 수
있는 권리가 있지만, 나의 무한한 자비로 그런 야만스러운
일은 벌이지 않겠다. 그러니 너희는 그런 일을 당하지 않
는 대가로 결혼세를 지불하라." 억지 세금을 걷는 거예요.

장　명분을 세우기 위한 무서운 벌 같은 거군요. 가난해지더라
도 저런 엄청난 추행을 당하지 않으려면 차라리 돈을 내는
쪽을 선택했을 것 같은데요?

백　하지만 중세 교회에서 면죄부를 발행했을 당시 많은 죄목
들 중 하나가 '초야권을 행사한 영주의 죄'였던 걸로 봐서
는 아예 없었다고도 할 수 없어요. 그래서 독일의 중세사
가 브루노 슈미트는 "초야권과 관련된 논쟁은 아직 결론이
없다"라고 주장했고, 외르크 베트라우퍼는 초야권을 "유럽
문화사에서 무척 불편한 주제"라고 평했어요.

장　수잔나가 딱 이 불편한 주제를 만나는 한가운데 서 있군
요. 아무리 그래도 그렇지, 모르는 사람도 아니고 고마운
친구의 약혼녀에게 권리 행사라니. 옆에서 이 광경을 지켜
보는 백작 부인의 마음이 어땠을지 상상도 안 가네요.

백　오페라 중간에 수잔나와 백작 부인이 이야기하는 장면을
보면 그들은 주인과 종이라기보다 친구에 더 가까운 듯 보
여요. 오히려 백작 부인은 어쩔 줄 몰라 하고, 영리한 피가
로와 수잔나가 백작 부인 로지나를 다독여서 모든 비틀어
진 상황을 정리하는 모습이거든요. 비탄에 빠진 그녀의 마

음을 두고 모차르트는 주옥같은 아리아를 두 곡이나 작곡해요. 첫 곡이 백작 부인이 등장하며 부르는 '사랑을 주소서(Porgi amor)' 그리고 오늘 소개할 '어디로 갔나 우리의 아름다운 날들'이에요. 두 곡 모두 비슷한 결인데, 두 번째 곡이 조금 더 희망을 향해 달려가는 모습이 뚜렷하죠. 모차르트가 젊은 나이에 결혼해서 요절했지만 부인 콘스탄체 이전에도 여러 여인과 연애 경험이 많은 사랑꾼이었거든요. 많이 차기도 하고 차여 보기도 하고. 그리고 곡을 쓰는 모습만 봐도 얼마나 공감 능력이 뛰어난 작곡가인지 유추해볼 수 있어요. 배신당했을 때 아픈 마음을 충분히 잘 살려낸 곡 같아요. 그러니 사람들이 그토록 사랑하는 명곡으로 남았겠죠.

〈피가로의 결혼〉의 진짜 주인공은 누구인가

백 그런데 〈피가로의 결혼〉의 주인공은 누구인가요? 타이틀 롤은 피가로이지만, 사실 이 오페라에 등장하는 많은 인물이 비슷한 양의 노래를 나누어 부르거든요. 보통 맨 마지막에 인사하는 인물이 주인공인 경우가 많은데, 어떤 때는 피가로가 등장하고 어떤 때는 백작 부인이 등장하기도 해요.

장 일단 타이틀 롤이 피가로이니 그가 주인공이 아닐까요?

백 저도 잠깐 그렇게 생각했는데, 오페라 〈윌리엄 텔〉이나 〈미카도〉의 경우엔 제목에 등장인물이 등장하지만 이들이 주인공은 아니에요. 〈마술피리〉 주인공이 마술피리가 아닌 것처럼요, 하하.

장 상당히 썰렁한 오페라 농담이군요, 당황스러워라. 주인공을 굳이 꼽아보자면 피가로, 수잔나, 백작 부인 중 하나가 아닐까 싶어요. 수잔나는 다른 두 역만큼 노래를 부르긴 하지만 성격은 조금 가벼운 편이긴 하죠.

백 피가로는 극의 전개를 담당하고 백작 부인은 극의 서정성을 극대화하는 역할을 해요. 누가 더 중요하다고 말할 수 없겠는데요?

장 모차르트라면 주인공으로 누구를 꼽았을까요? 잘난 척하며 외국어로 오페라를 만들고, 시민들과 다른 극장에서 오페라를 보던 귀족들이 탐탁지 않았던 모차르트라면요. 저는 그가 피가로에 매료돼 이 오페라를 썼다는 생각이 들어요. 주인인 알마비바 백작이 음흉한 꼼수를 써서 자신의 약혼녀를 어떻게 해보려 해도 전혀 꿈쩍하지 않고 그의 기지로 모든 상황을 이겨내는 지혜로운 인물. 다른 등장인물들에게 공감은 했을지라도 극의 중심에는 피가로가 우뚝 서 있던 게 아닐까요? 저는 피가로가 주인공이라는 데 한 표 던지고 싶네요.

백　통찰력 있는 말씀이네요. 그런데 저는 다른 말이지만 모차르트가 작곡을 시작한 동기가 '사랑'과 '용서'가 아닐까 싶어요. 앞서 말했듯 영화 〈아마데우스〉에서 살리에리가 "용서가 극장을 가득 채웠다"라며 〈피가로의 결혼〉을 설명하는 장면이 기억에 남아요. 이것은 비단 살리에리만 느낀 감정이 아니라 오페라를 보는 모든 과거와 현대의 관객들이 느끼는 감정이거든요. 저는 백작 부인이 모차르트가 이야기하는 용서와 사랑의 주인공이 되어 오페라를 끌어가는 역할이라고 생각했어요. 결국 오페라의 마지막을 '복수'가 아닌 '용서'로 끝낸, 피가로와는 또 다른 종류의 용기를 보여준 인물로요. 주인공이 백작 부인이 된다 해도 별 문제는 없을 것 같아요.

장　사실 오페라 무대에서는 조금 더 연륜이 있거나 유명한 성악가가 맨 마지막에 나오기 마련입니다. 만일 브륀 터펠

(Bryn Terfel)이 피가로 역을 맡았다면 그가 맨 마지막에 나올 것이고, 키리 테 카나와(Kiri Te Kanawa)가 백작 부인을 불렀다면 그녀가 맨 마지막에 등장해서 관객에게 인사하는 것이 정석이겠죠. 이 오페라의 주인공은 각자 생각하는 중요한 지점이 어디냐에 따라 달라질 수 있어요. 사실 누가 맨 마지막에 등장하는지는 오페라를 감동 깊게 본 관객이라면 그렇게 중요하지 않을 것 같아요. 어쩌면 〈피가로의 결혼〉만이 가질 수 있는 또 다른 매력이 아닐까요?

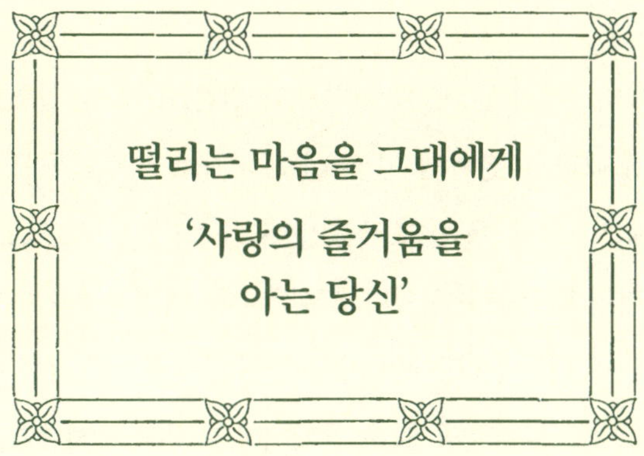

작품	피가로의 결혼	Le nozze di Figaro
작곡	볼프강 아마데우스 모차르트	Wolfgang Amadeus Mozart, 1756~1791
아리아	사랑의 즐거움을 아는 당신	Voi che sapete

보마르셰의 《미친 날, 또는 피가로의 결혼》(1778)을 기초로 하여 완성한 오페라. 대본가인 다 폰테가 피가로를 주인공으로 하는 보마르셰 3부작 중 두 번째 작품인 이 이야기를 각색해 모차르트와 역사적인 명작을 완성했다. 3부작의 첫 번째 이야기이자 로시니 작곡의 오페라 〈세비야의 이발사〉의 후속작으로, 전작에서 피가로의 도움으로 사랑을 이룬 알마비바 백작과 로지나가 백작과 백작 부인으로 등장한다. 막이 열리면, 피가로의 신부 수잔나의 투덜거림이 시작된다. 음흉한 알마비바 백작이 초야권을 들먹이며 새 신부 수잔나를 향한 흑심을 숨기지 않고 있기 때문이다. 새 신랑 피가로는 은혜를 모르는 백작에게 복수하고 싶지만 새로운 주인님이 된 백작이기에 쉽지만은 않다. 게다가 피가로는 마르첼리나에게 진 빚을 갚지 못하면 그녀와 결혼해야 하는 문제로 골치가 아프다. 피가로는 우연히 마르첼리나에게 몸에 있는 문신을 이야기하고, 그가 마르첼리나와 바질리오의 아들이란 사실이 밝혀진다. 마르첼리나와 바질리오는 결혼을 약속하고, 피가로의 빚 문제도 해결된다. 한편 수잔나로 변장해 남편 알마비바 백작과 어두운 정원에서 밀회하는 백작 부인은 이로써 백작의 불륜 증거를 잡는 데 성공한다. 결국 무릎을 꿇고 용서를 구하는 백작. 둘은 화해하며 오페라의 막이 내린다.

사랑의 즐거움을 아는 당신

사춘기를 겪고 있는 알마비바 백작 가문의 시동 케루비노가 부르는 아리아. '갑자기 욕망이 요동치고, 심장이 뛰었다가 불현듯 차가워지고, 이유를 알 수 없는 고통에 괴로워하다가 무엇인지 알 수 없는 달콤한 그것을 찾아야 한다는 생각이 드는, 이런 마음을 이미 알 것 같은 여인들이여 이유를 알려주시오'라는 시를 노래로 만들어 자신이 사모해 마지않는 백작 부인에게 불러준다.

사랑을 이미 알고 있는 여인들이여
내 마음속에 대체 무슨 희한한 것이
요동치는지 알 수가 없어요.
내가 한 번 설명해볼 테니 들어보세요.
혼자서는 이해하기 어려운
태어나서 한 번도 겪어본 적이 없는
이상한 감정이라니까요.

욕망으로 가득한 열정, 때로는 만족스럽게,

때로는 고통스럽게 타오르고

얼음장처럼 순간 마음이 얼어붙었다가도

갑자기 영혼이 다시 불타는 듯합니다.

그러다 불현듯 마음이 다시 차가워진다니까요.

나는 실체를 모르는 무언가를 늘 찾아 헤매요.

그걸 누가 가지고 있는지,

과연 어떤 것인지조차 모르지만

한숨짓고 신음하며 떨리는 가슴을 쥐고

밤낮으로 평안을 잊은 채

내가 모르는 그 무언가를 찾아 돌아다닙니다.

하지만 이상하게도 한숨짓는 이 처지가

나쁘지는 않은 것 같아요.

사랑이 무엇인지 알고 있는 그대들이여

제발 내 마음에 있는 이 감정이 무엇인지 알려주세요!

어디선가 들어본 적 있는 달콤한 음악

백 케루비노는 저에게 정말 특별한 캐릭터입니다. 덕분에 제가 세상에 태어났거든요.

장 네? 케루비노 때문에요?

백 저희 아버지가 유학 시절부터 굉장한 오페라 팬이세요. 귀국해서 친구가 출연하는 〈피가로의 결혼〉을 보러 가셨는데, 그때 어머니가 케루비노로 출연하셨대요. '사랑의 즐거움을 아는 당신'을 부르는 어머니가 그렇게 귀여우셨다나요. 결국 친구를 달달 볶아 소개팅을 했고 1년 뒤에 결혼에 골인했대요. 제가 여기서 이 오페라에 대해 이야기할 수 있는 건 모두 귀여운 케루비노 덕분이랍니다.

장 굳이 얘기하자면 모차르트 덕분 아닌가요? 모차르트 덕에 태어난 성악가라니, 하하. 그런데 백작 부인이면 몰라도 케루비노라…. 금방 사랑에 빠지신 게 좀 신기하긴 합니다만?

백 처음부터 끝까지 우울한 백작 부인보다는 달콤한 사랑 노래를 부르며 팔랑거리고 뛰어다니는 청소년이 좀 더 귀엽지 않았을까요? 이 노래가 아주 유명하진 않지만 이상하게 어디선가 많이 들어본 듯한 선율이라 사람들의 주의를 끌거든요.

장 듣는 순간 "어? 나 이거 아는 노랜데?" 하면서도 어느 오페라에 나오는 노래인지 모르는 경우가 더 많죠. 〈마술피리〉의 '밤의 여왕', 〈카르멘〉의 '투우사의 노래', 〈투란도트〉의 '공주는 잠 못 이루고' 정도는 잘 맞춰요. 하지만 오늘 소개할 케루비노의 아리아나 〈토스카〉에 등장하는 아리아들의 경우 나름 유명한 곡인데도 아는 경우가 드물죠.

백 맞아요. 특히 '사랑의 즐거움을 아는 당신'의 경우 티브이나 라디오의 광고 음악에도 자주 쓰여서 낯설지 않은데 말이에요.

장 아, 이 아리아가 광고에도 쓰였나 보군요?

백 미국 디저트 광고에 등장한 적이 있어요. 고택에서 집사가 정성스레 잘라서 들고 나올 법한 케이크 광고였어요. 이 아리아가 워낙 산뜻하면서도 고급스러워 케이크 이미지와 잘 맞았던 기억이 나요.

장 어울리네요. 집사가 잘라서 가져다주는 클래식하고 고급스러운 케이크 느낌이라. 콘셉트를 잘 잡았네요.

백 노래 자체가 아주 공손하고 친절하게 백작 부인 앞에서 부르는 사랑 노래잖아요. 손윗사람에게 정중하지만 사랑스럽게 말하는 톤(목소리)으로 가득하죠. 오랜만에 이 아리아를 들으니 은쟁반 위에 반듯하게 잘라둔 광고 속 치즈 케이크가… 모차르트 아리아를 이야기하면서 침이 고이는 건 처음이군요, 하하. 광고 얘기를 먼저 꺼내긴 했지만. 사실 이 노래를 들을 때 느껴지는 감정이 '참 포근하고 달콤하다'예요. 마음이 힘들면 보통 위로가 되는 음식을 찾게 되잖아요. 미국 사람들은 이런 종류의 음식을 '위로의 음식(Comfort food)'이라고 불러요.

장 '위로의 음식'이라니 좀 위험합니다. 마음이 울적할수록 더 찾게 될 텐데, 그러면 자칫 뚱보가 될 테고요. 뚱보가 되면 더 울적해지고… 악순환 같은데요?

백 그래도 너무 울적하면 가끔은 풀어줘야죠. 여하튼 이 '위로의 음식'은 피자, 햄버거, 라자냐 등 고칼로리 음식이 대부분이에요. 거기에 빠질 수 없는 것이 아이스크림, 케이크 같은 달콤한 음식이란 말이죠. 이런 위로의 음식을 광고하자니 음식 이미지와 비슷한 음악을 선택한 게 아닐까 싶어요. '사랑의 즐거움을 아는 당신'을 들을 때면 굳었던 마음이 한결 부드러워지면서 위안받는 느낌이니까요.

장 그럼 이 아리아는 '위로의 음악'이 되겠군요. 실제로 오페라에서도 케루비노가 이 노래를 부를 때 백작 부인이 상당한 위로를 받는 것으로 보여요. 백작 부인은 남편이 자기의 절친한 친구와도 같은 수잔나를 어떻게 해보려는 것을 뻔히 알면서도 지켜보는 중이잖아요. 그 마음이 어땠을까요? 사랑하는 남편에 대한 배신감, 결혼생활이 엉망이 될지도 모른다는 불안감, 거기에 자기보다 젊고 어쩌면 더 아름다운 수잔나를 보고 자괴감이 들었을 수도 있고요. 백작 부인은 한마디로 총체적 난관 한가운데 빠져 있는 상태죠. 이런 상황에서 어리긴 하지만 늠름하고 잘생긴 케루비노가 은근히 사랑 고백을 한단 말이에요.

백　보통은 케루비노가 백작 부인에게 엄청난 열정의 눈길을 보내면서 아리아를 마무리 지어요. 자기의 열렬한 사랑의 마음을 충분히 보여주는 거죠. 어떤 연출자는 아예 백작 부인 손에 키스하도록 하거나 수잔나를 잠깐 내보내고 더 짜릿한 장면을 연출하기도 합니다. 백작 부인의 무너진 자존심을 회복하는 데 젊은 청년의 사랑 고백만 한 것이 있을까요? 그녀야말로 이 아리아와 같은 위로의 음악이 가장 간절했던 사람이었어요. 물론 젊은 케루비노보다 앞서 이야기한 광고 속 케이크를 선택했다면 결론은 덜 복잡했겠지만요.

장　하하. 위로의 케이크냐, 위로의 음악이냐. 정말 어려운 선택이네요.

백 정말 큰일은 이 노래가 끝나고 터지잖아요. 그것도 케루비
노가 옷을 반쯤 벗고 있을 때요.

장 맞아요. 케루비노가 한참 옷을 갈아입는 중에 사냥 나갔던
알마비바 백작이 돌아오죠. 뉴욕 메트로폴리탄 오페라 버
전에서는 사냥개들까지 무대에 등장해 방을 수색하는 장
면을 연출해 폭소가 터지기도 했어요. 그런데 방문이 잠겼
던 것이 왜 그렇게 큰 문제였을까요? 안방 문이야 옷만 잠
깐 갈아입어도 잠가둘 수 있는 것 아닌가요?

백 모차르트 시대의 성은 지금 주택들과는 구조가 달랐어요.
영국이나 프랑스 귀족이 등장하는 시대극을 보면 집 생김
새가 다른 것을 알 수 있죠. 거실을 중심으로 독립적인 방
을 갖춘 현대 주택 구조와는 달리 방을 통과해야 다음 방
으로 갈 수 있는 구조였어요. 당연히 프라이버시라는 건
거의 존재하지 않았고요. 프랑스 역사학자 필리프 아리에
스는 '17세기 말까지 유럽인들은 아무도 혼자 지내지 않았
다'라고 서술하기도 했어요. 침실뿐만 아니라 침대도 공용
으로 쓰는 시대였어요.

장 아이구, 생각만 해도 불편하네요. 식구라도 각자 프라이버
시는 중요할 텐데 침대까지 같이 쓰는 시대라뇨.

백 가족끼리 같이 쓴 정도가 아니라 손님이 와도 침대를 같이 쓸 정도였으니까 말 다했죠. 스칸디나비아 신화에 등장하는 광명과 지혜의 신 헤임달은 마을에서 가장 친절한 집을 찾아 축복을 주곤 했어요. 아기가 안 생겨 고민인 집에 하룻밤 묵고 나서 아홉 달 뒤에 아이가 태어났다고 해요. 주인 부부와 같은 침대에서 잠을 자고 나서 말이죠.

장 아기가 태어나서 좋긴 한데 축복은 아닌 것 같군요. 지금으로서는 이해가 힘든 관습인데요?

백 당시에는 밤중에 온 집을 따뜻하게 유지하는 것이 정말 어려웠다고 해요. 그래서 침대 가운데는 부부가 눕고 양옆으로 다른 식구나 손님들이 같이 잤다고 하네요.

장 아무리 인간이 사회적인 동물이라고 하지만 정신 건강상 프라이버시도 정말 중요한데요.

백 그 이유 때문에 18세기에 들어와서는 방이 나뉘기 시작했어요. 하지만 요즘처럼 프라이버시를 보장할 수 있는 구조가 아니었어요. 방인 동시에 복도이기도 했거든요. 칸으로 나누어진 방들이 쭉 이어져 있고 가장 내밀한 방은 맨 안쪽에 위치해 있었죠. 예를 들면 현관, 서재, 식당, 응접실, 침실 순으로 외부인이 들어올 수 있는 방의 레벨이 달랐어요. 방이 복도의 역할을 하니 당연히 맨 안쪽 방까지 보여야 하는데, 중간에 방 하나만 닫혀 있어도 금방 '무슨 일이 있나?' 하는 생각이 드는 구조였어요. 특히 안주인의 방은 맨 끝에 있기 마련인데, 남편이 집에 들어오자마자 방문이 닫혀 있고, 가까이 가보니 두런두런 남자와 대화하는 소리가 들렸다? 백작이 흥분해서 문을 두드릴 만하죠.

장 백작이 문을 두드리니 백작 부인이 케루비노를 옷방에 숨기잖아요? 옷방 앞에 누가 있다며 또 한차례 난리가 나는 장면이 기억나네요. 옷방이라 불리는 가비네또(Gabinétto)도 방으로 치는 건가요?

백 귀족들은 용도가 다른 사적인 방들을 아파르트망(Appartment)이라고 불렀어요. 보통 손님을 접대하는 바깥방(Antichambre)이 있고, 안쪽으로 침실(Chambre)과 침실에 딸린 옷방, 카비네(Cabinet)가 있었죠. 장 선생님이 말한 가비네또는 옷방을 뜻하는 이탈리아어예요.

침실과 카비네에 앞선 방이 많을수록 신분이 높고 부유하다는 뜻이었어요. 맨 마지막에 딸린 카비네는 안주인이 옷을 갈아입기도 하고 화장을 하기도 하는 방이었죠. 하지만 단순히 화장대 딸린 옷방 개념만은 아니었어요. 성에서 가장 은밀한 여주인만의 방으로 혼자 기도하는 방일 수도 있고, 서재일 수도 있어요. '비서(Secrétair)'라는 이름을 가진 여성 전용 책상을 두고 편지를 쓰거나 공부를 하기도 했죠. 이 여성용 책상에는 열쇠 달린 서랍이 많아서 편지를 잘 숨겨둘 수 있었대요. 이런 극히 내밀한 방에 외간 남자를 들였다는 사실 자체가 스캔들인 거죠.

장   얘기를 들어보니 안주인의 진짜 사건들은 다 이 옷방에서
     일어났겠는데요? 침실까지는 복도이고 실제로 가장 내밀
     한 공간은 옷방뿐이니까요.

백   맞아요. 카비네는 〈피가로의 결혼〉에만 등장하는 문제의
     방은 아니었어요. 18세기 영국의 사업가이자 소설가인 새
     뮤얼 리처드슨(Samuel Richardson)이 이 방을 소재로 《파멜
     라, 혹은 보상받은 미덕》이란 소설을 써서 대단한 반향을
     불러왔죠. 돌아가신 주인마님의 카비네에서 파멜라가 혼
     자 편지를 쓰고 있을 때 이 방에 들어온 미스터 B와의 야
     릇한 시선은 유명한 유화로 남겨져 미술관에 전시가 되었
     을 정도예요.

장   18세기 사람들에게는 정말 상징적인 불륜의 공간일 수 있
     겠군요. 주인마님의 침실에서 사랑의 노래를 부른 뒤, 이런
     내밀한 공간에서 옷을 반쯤 벗은 채 갇혀 있는 케루비노
     라⋯. 백작이 카비네 문을 열고 케루비노를 발견했다면, 오
     페라는 중간에 유혈이 낭자한 비극으로 끝났겠군요. 이제
     야 그 옷방 앞의 웃기지만 긴장감 넘치던 실랑이가 이해가
     되네요.

오페라 주인공은 사춘기

백　사춘기 아들을 키우는 저로서는 집에 있던 아이가 무대에 올라가서 노래하는 것 같았어요.

장　하하. 저도 어린 시절이 잠시 생각났어요. 지금의 중학생이나 옛날의 저나 300년 전 사춘기 청소년이나 같은 심정이라는 게 놀랍기도 합니다. 성인이 되려면 자연스레 거쳐야 하는 과정임을 알면서도 당사자 입장에선 복잡한 감정에 기분이 오르락내리락하니 혼란스러운 게 당연하지요.

백　본인도 힘들겠지만 사춘기 자녀를 둔 엄마 입장에서도 이 장단을 다 맞추자면 보통 일이 아니에요. 오죽하면 아이 둘 이상 둔 엄마들은 폭풍의 사춘기가 오기 전에 얼른 아무 종교에라도 귀의해야 한다란 농담이 있겠어요.

장　하하하. 맞는 말이네요. 저 장단을 다 맞추자면 자력만 가지고는 안 될지도 몰라요. 특히 케루비노처럼 금방 사랑에 빠지는 청소년은 매일같이 울었다 웃었다 화냈다…. 어머님들 고생 많으시죠. 특히, 학업에 대한 부담이 큰 현대를 사는 청소년들은 케루비노처럼 복잡한 속내를 털어놓을 시간도 여유도 없을 테니 더욱 혼란스러울 거고요. 언젠가 청소년 전문가가 사춘기의 뇌에 대해 말하는 걸 들은 적이 있어요. 몸은 성인처럼 쑥쑥 커가는데 사고력, 추리력, 문제 해결능력 등 고등 정신 작용을 담당하는 전두엽은 천천히 자란다는 거죠. 특히 남학생들은 공격성을 높이는 테스토스테론이나 성호르몬을 대량으로 발산하는 시기래요. 심하게 말하면 사춘기의 뇌는 거의 만취자의 뇌 수준이라고요. 몸은 성인이고, 뇌는 미성숙하고, 호르몬은 충만하니 정말 매일이 외줄타기 하는 것마냥 아슬아슬한 거죠. 케루비노는 마음을 토로할 수 있는 시나 노래라도 지어 부를 수 있어 다행이었네요.

백 다행히 케루비노는 다른 고전 사춘기 주인공들처럼 큰 사고를 치지 않았어요. 적어도 2편까지는요.

장 사고요?

백 고전문학 최고의 사춘기 빌런 로미오와 줄리엣이 있으니까요. 케루비노가 성안의 모든 아가씨들에게 지분거리긴 했어도 데리고 도망 나와 결혼을 한다든지 스스로 목숨을 버린다든지 하는 큰일은 벌이지 않았으니까요. 반면 이 셰익스피어의 청소년들은 부모 말 안 듣고 야간 데이트를 하다가 급기야는 신부님 앞에서 결혼식을 올리지 않나, 로미오가 처가댁 사촌 오라버니를 살해하지 않나(어휴 끔찍해), 그러고선 다시 돌아와 어린 아내 무덤가에서 스스로 생을 마감하질 않나. 저처럼 중학생 아이를 둔 엄마 입장에서 〈로미오와 줄리엣〉은 로맨스 희곡이 아니라 호러무비예요, 호러무비.

장   부모 입장에서는 그럴 수 있겠네요. 하지만 뇌의 성장통과도 같은 저 사춘기를 넘지 않고서야 어떻게 어른이 될 수 있겠어요? 케루비노가 '한숨짓는 것이 아주 나쁘지만은 않은 것 같아요'라며 노래 부르는 이유도 아마 새로운 사랑과 세계에 대한 기대가 그만큼 커서일지도요. 한 사람으로 성장하는 데 꼭 필요한 과정이니 '이 또한 지나가리라'의 마음을 품고 잘 기다려주는 것이 어른들이 할 수 있는 최선인 것 같아요.

백   맞아요. 한편으로는 이런 생각도 들더라고요. 만일 저 격동기를 겪는 로미오와 줄리엣의 부모들이 저 둘을 그냥 사귀라고 내버려뒀으면 어땠을까? 한두 달쯤 만나다 헤어졌을 가능성이 높아요. 원래 극 중에서 로미오는 짝사랑하던 여인 로잘린을 보려고 무도회에 갔다가 줄리엣과 마주쳐요. 로잘린에게 호감을 품은 정도가 아니라 '만물을 내려다보는 태양도 천지개벽 이래 보지 못한 미인'에 대단한 분별력을 갖춘 소위 '완벽한 여인'으로 여겼거든요. 그러다 줄리엣을 보는 순간 사랑이 단번에 옮겨간 거죠.

장   아예 '로미오와 줄리엣 효과'라는 말도 있잖아요? 사귀다가 깨질 게 뻔한 커플도 주위에서 강하게 반대하면 더 달라붙어 떨어지지 않는 사이가 되는 거요. 무조건 반대하지 말고 서로를 좀 더 객관적인 눈으로 바라보고 미래를 결정할 수 있는 시간을 줘야겠죠. 그렇게 보면 우리 케루비노는 상황이 더 좋지 않은데요?

백　아니 그건 왜죠?

장　〈피가로의 결혼〉의 배경인 바로크 시대 스페인은 공공연한 불륜은 많았지만 이혼은 없었던 사회잖아요. 백작 부인은 자기가 모시던 알마비바 백작의 부인, 케루비노에겐 주인마님이죠. 당시 상황으로 볼 때 케루비노와 백작 부인이 맺어질 가능성은 전혀 없었어요. 그러니 백작 부인의 리본을 훔쳐서 가슴팍에 넣어 다니거나 마음을 담은 노래를 떨리는 목소리로 부를 수밖에요.

백　어쩌면 케루비노는 밝은 음악에 비해 슬픈 내면을 가진 사람일 수도 있겠어요.

장　그렇죠. 백작 부인에 대한 사랑이 그를 죽음까지 내몰았으니까요. 다 폰테 3부작의 마지막 작품 〈죄 많은 어머니〉 편에 이 비극적인 이야기가 한 번 더 등장하는데, 케루비노는 끝내 맺어지지 못한 백작 부인과 자신의 관계를 비관하며 군에 입대해요. 결국 전장에서 백작 부인에게 마지막 편지를 보내고 전사하며 이 사랑은 끝을 맺지요.

모차르트는 아리아 두 곡으로 케루비노의 절절한 사랑의 마음을 표현했어요. '난 더 이상 모르겠어요(Non so piu)'에서는 그의 혼란스러운 마음을, '사랑을 아는 당신'에서는 불안하지만 애써 진정하려는 마음을 담아냈어요.

백　저도 가끔 이 아리아들을 부르는데, 오늘 이후로는 두 곡

다 다른 마음으로 부르게 될 것 같아요. 슬픈 사랑의 주인
공 케루비노라. 한 번도 생각해보지 않은 바로크 시대의
순애보군요.

XVI

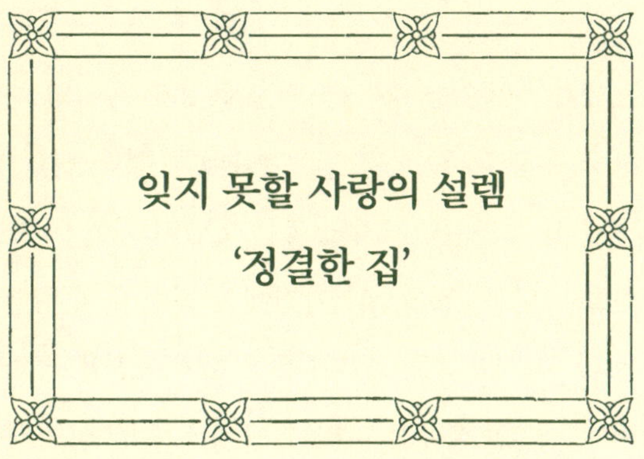

작품	파우스트	Faust
작곡	샤를프랑수아 구노	Charles-François Gounod, 1818~1893
아리아	정결한 집	Salut! demeure chaste et pure

19세기 오페라 작곡가 샤를 구노의 작품으로 독일의 대문호 괴테의 동명 극시 중 1부를 바탕으로 작곡했다. 철학, 신학, 법학, 의학 등에 능통한 학자였던 파우스트는 노년이 되어 이 모든 학문의 허무함을 깨닫곤 "조물주와 자연에 던졌던 나의 열렬한 질문들은 모두 다 허무한 것들이었다!"를 외치며 목숨을 끊으려 한다. 이때 악마 메피스토펠레가 나타나 그에게 젊음을 돌려주고 영혼을 대가로 받는 거래를 제안한다. 망설이는 파우스트 앞에 메피스토펠레는 아름다운 마르그리트가 물레 잣는 환영을 보여주고, 마음을 빼앗긴 파우스트는 거래를 승낙한다. 둘은 사랑에 빠지고 마르그리트는 파우스트의 아이를 갖게 된다. 전쟁에서 돌아온 마르그리트의 오빠 발렌틴은 여동생을 저 지경으로 만든 파우스트와 결투를 벌이지만 역시 메피스토펠레의 농간으로 파우스트의 손에 죽임을 당한다. 파우스트는 메피스토펠레의 유혹에 넘어가 발푸르기스의 밤에서 마녀들과 환락의 시간을 보낸다. 오빠의 죽음에 대한 죄책감으로 정신마저 혼미해진 마르그리트는 파우스트와의 사이에서 낳은 아이를 우물에 빠뜨려 죽이고 교수형에 당할 운명 앞에 놓인다. 파우스트는 그녀를 구하러 가지만, 마르그리트는 하느님께 회개하고 죽음에 이르러 천국의 구원을 받는다.

정결한 집

아름다운 마르그리트의 집 앞에서 파우스트가 부르는 아리아다. 오페라 〈파우스트〉에서 가장 유명한 테너의 아리아로 파우스트의 떨리는 마음과 여인에 대한 사랑을 넘어선 경외심을 잘 표현한 대목이다.

나를 압도하는 이 알 수 없는 감정은 대체 무엇인가?
나의 온 존재가 당신을 향한 사랑에 정복되어 버렸네.

오 마르그리트,
나 여기 당신 발 아래까지 당도했소!
거룩하고 순수한 영혼의 존재가 느껴지는
이 정숙하고 순결한 집이여, 나를 환영해다오.
너는 소박해 보이지만 내가 모를 풍요함으로 넘쳐흐르는구나.

오 자연이여,

이곳이 바로 그녀의 아름다움이 창조된 곳이군요!

이곳이 바로 그 소녀가 당신 날개 아래 성장하며

당신의 시선 아래 잠들던 곳인가요?

바로 여기가 그녀의 영혼 속으로 숨을 불어넣어

하늘의 천사를 빛나는 육체를 가진 여인으로

다시 태어나게 한 바로 그곳!

그래, 바로 여기에서.

장   많은 분이 파우스트를 괴테의 창작 인물이라고 생각하지만 사실 파우스트는 실존 인물이에요.

백   저는 오페라 〈파우스트〉보다 괴테의 《파우스트》가 더 친근해서 괴테의 창작물인 줄 알았어요. 실존 인물인지는 몰랐네요.

장   파우스트가 원래 떠들썩한 사람이었어요. 여러 잡다한 재주로 유명했지요. 그의 사망 사건에도 여러 무성한 소문이 떠돌았고요. 그에 얽힌 이야기는 나중엔 설화처럼 독일 전역을 떠돌아요. 시간이 갈수록 성경 이야기나 흥미로운 사건들이 더해지면서 점점 전설적인 이야기로 탈바꿈했대요. 결국 비텐베르크의 한 출판업자의 손을 거쳐 책으로 출판되는데, 구전으로만 전해지던 파우스트 박사의 이야기가 활자화되자 그야말로 선풍적인 인기를 끌었죠. 마침 독일에서 순회 공연을 하던 영국의 유랑 극단이 이 흥미로운 책을 사서 영국으로 가져갑니다. 책은 곧 영국의 극작가인 크리스토퍼 말로(Christopher Marlowe)의 손에 들어가서 연극으로 재탄생해요. 이 작품이 바로 《파우투스 박사》예요. 중구난방으로 편집된 이야기를 정리해 연극으로 만든 거죠. 이게 또 독일로 역수출되면서 연극 〈파우스트 박사 이야기〉도 대단한 인기를 얻었다고 해요. 훗날 독일의 작가 구스타브 슈바브(Gustav Schwab)가 다시 정리해 집필한 《파우스트 박사 이야기》가 괴테의 《파우스트》 초석이 돼요. 20세기 독일 문학의 최고봉 토마스 만(Thomas Mann)도 파우스트 박사에 대한 소설을 썼죠.

백 대체 파우스트는 어떤 인물이었기에 여러 인기 작품의 주인공이 됐던 걸까요?

장 파우스트는 1480년에 독일에서 태어나 1540년에 죽음을 맞이한 인물이에요. 마틴 루터와 동시대 사람이니까 종교개혁의 물결이 한참일 때 활동한 거죠. 이런 분위기에서 종교개혁가들 사이에 미친 사람, 사기꾼 등으로 이야기된 기록이 있어요. 당시 금기시되던 별자리 점을 봐주고 흑마술을 쓸 줄 안다며 떠벌렸대요. 악마를 만났다는 등 괴상한 이야기를 해대서 추방 명령을 받은 적도 있다고 해요. 왜소한 체구와 기묘한 안광으로 사람들의 주위를 끌고 마술을 부려서 마술사로도 알려져 있고요. 불타는 외투를 이용해 세계 여행을 하고 지옥에 다녀온 적이 있다며 자기 입으로 떠들고 다녔으니 설화의 주인공이 될 만하지요. 흥미 넘치는 인물임에는 틀림없어요.

백 사기꾼을 뛰어넘어 사이비 교주 같은 느낌도 듭니다. 판타지 소설 주인공 같기도 하고요.

장 그러니 그의 입에서 술술 나오는 이야기만 엮어도 흥미로운 책 한 권이 나올 수 있었겠죠. 구전되면서 여기저기 살도 붙었을 테고요. 연극으로 정리되기 전까지만 해도 이야기들이 중구난방이었어요. 괴테의 《파우스트》에 와서 한 번 더 정리가 된 거예요. 파우스트는 괴테의 작품에서처럼 연구를 한다거나 고뇌를 한다거나 하는 인물은 전혀 아니었어요. 여러 잔재주를 부리면서 사람들을 현혹하며 다닌 사람이에요. 당시 파우스트가 썼다고 소문난 마술 입문서에는 악마와 계약을 피하는 방법, 필요한 경우 파기하는 법 등이 무척 자세히 나와 있었다는군요. 《자연과 비자연의 마술》이라는 제목의 이 마술서는 10대 소년이었던 괴테의 흥미도 사로잡아요. 이 책과 더불어 앞서 이야기한 구스타프 슈바브의 《파우스트 박사 이야기》가 괴테로 하여금 결국 《파우스트》를 집필하도록 만들었죠.

백 오페라에 등장하는 파우스트 박사나 괴테의 《파우스트》 속 박사의 모습을 보면 상당히 지적이고 삶의 본질에 대해 고민하는 학자 타입인데, 실제 파우스트 박사의 외모나 그의 이야기를 들으니 영화 〈반지의 제왕〉에 등장하는 스미골 이미지가 떠오르네요. 악마에게 영혼을 팔아 능력을 사든 절대 반지를 쟁취하든 각자 욕심을 위해 자기를 포기한 거니까요. 키가 작고 안광이 남달랐다는 이야기도 따지고 보면 북방 신화나 바그너 오페라에 등장하는 난쟁이를 연상시켜요.

장　　하하하. 스미골이라니. 갑자기 오페라 여주인공 마르그리
트가 불쌍해지려고 합니다.

백　　영혼도 파는 마당에 스미골 닮은 파우스트를 메피스토펠
레가 그냥 젊음만 줘서 보냈을 것 같지는 않아요. 스미골
같은 파우스트라도 브래드 피트 정도의 외모로 변신시켜
주지 않았을까 상상해봅니다. 그래야 마르그리트도 유혹
할 수 있죠. 어쨌든 악마이니까 선한 마르그리트도 한번에
타락시키면 일석이조 아니었을까요?

장　　그렇군요. 마치 1+1 딜 같네요, 하하. 브래드 피트처럼 생긴
파우스트를 보낼 정도라면 주도면밀한 악마일지도 모르
겠군요. "The devil is in the detail(악마는 디테일에 있다)"라
는 미국 속담이 있는데, 대충 '단순해 보여도 사정을 들여
다보면 자세하고 복잡한 일이 얽혀 있다'란 뜻이에요. "젊
어졌으니 한번 아가씨를 유혹해보시죠" 정도가 아니라 브
래드 피트 같은 외모로 마르그리트에게 파우스트를 보내
면 순식간에 1+1 딜 완성이군요.

백　　진실은 계산하지 않고 이야기해도 진실이지만 거짓말이
라면 다르죠. 주도면밀하지 않으면 들통나게 되어 있고, 들
통나는 거짓말은 적어도 '훌륭한 거짓말'은 아니니까요. 악
마 중에도 메피스토펠레 정도라면 적어도 잘 짜인 거짓말
을 하는 악마겠죠. 괴테가 읽던 파우스트의 마술서에 악마
와의 계약을 피하는 법과 파기하는 법이 나와 있었다던데,

저도 한번 읽어보고 싶네요. 거짓말의 귀재인 악마를 다시 속이는 법이라…. 그래서 악마를 속이는 법을 이야기하고 다닌 파우스트는 결국 어떻게 되었나요? 악마의 주도면밀함에서 탈출했나요?

장　흥미롭게도 이야기의 결말은 책마다 다릅니다. 일단 실존했던 파우스트는 마지막에 처참한 죽음을 맞아요. 그의 영혼이 어떻게 되었는지까지는 본 사람들이 없으니 영혼이 진짜로 지옥에 빠졌는지 알 길은 없지만요. 끔찍하게도 파우스트는 1540년 엎드린 자세로 목이 꺾인 채 발견되었다고 하죠.

백　아니 악마의 의형제니, 악마를 속일 수 있다느니 하면서 남의 점은 다 봐주고 다닌 사람의 결말치고는 너무한데요? 자기 미래도 모르고 처참한 결말을 맞이하다니요.

장　이런 결말을 보면 실존했던 파우스트는 아주 흥미로운 이야기를 많이 지어낸 사기꾼쯤으로 결론지을 수 있겠네요. 하지만 이런 기이한 모습의 죽음 때문에 파우스트라는 인물이 사후에 더욱 회자되었던 거죠. '아 저런 끔찍하고 기이한 죽음을 맞은 걸 보니 진짜 악마와 거래가 있었나 보다', '흑마술을 부렸다던데 진짜 악마의 힘이었나 보지?', '악마는 악마가 맞네. 아무리 인간이 계약에서 도망가려고 온갖 꾀를 내도 결국은 데려가는구만.' 이런 소문이 뭉게뭉게 피어났을 테니까요.

백　진짜 악마가 와서 목을 꺾고 데려갔다고는 믿을 수 없으니까요. 결국 눈빛이 형형한 난쟁이 아저씨가 사기를 치다가 괴이한 죽음을 맞이했다는 건데요, 늘 멋진 테너가 나와서 낭만적인 아리아를 유려하게 부르는 것만 보다 실제 파우스트를 생각하니 이거 좀 우울해지는데요. 오페라가 실제 인물과 이렇게 간극이 크군요.

장   사실 괴테의 《파우스트》는 실존 인물과 차이가 커요. 얽힌
이야기만 비슷하고 아예 다른 사람이라고 해야죠.

백   그렇더라고요. 저는 《파우스트》 시작 부분을 읽고 '아니,
뭐야. 이건 성경에 등장하는 욥의 이야기와 너무 비슷한
데?' 생각했다니까요. 성경의 하느님은 욥을 '흠이 없고 정
직하며 하느님을 경외하고 악을 미워하는 자'라고 표현해
요. 이를 두고 사탄은 '그건 그의 가정과 재산에 복을 주셔
서 당연히 그럴 수밖에 없다'라고 하죠. 그러면서 그가 가
진 것을 모두 빼앗으면 당장 당신을 똑바로 쳐다보며 저주
할 것이라며 욥을 괴롭히는 걸 허락해 달라고 해요. 그렇
게 욥은 온갖 고난을 겪다가 결국 시험에 통과하고 구원을
얻는 것으로 이야기가 끝나요.

성경과 비슷한 듯 다른 《파우스트》에선 하늘나라 천사들
사이로 난데없이 사탄 메피스토펠레가 나타나 투덜대기
시작해요. "아니, 하느님이 지으셨다는 저 인간들에게 왜
이성 같은 것은 허락하셔서요. 저 인간이라는 것들은 하느
님이 주신 저 이성을 세상 어떤 동물들보다 가장 동물처럼
사는 데 사용하고 있지 않습니까?", "언제나처럼 투덜대는
구나, 메피스토펠레. 세상에 마음에 드는 것이 없느냐? 파

우스트를 만나본 적이 있느냐? 그는 나의 종이다”라고 하느님이 메피스토펠레에게 이야기합니다. 그리곤 “지금은 파우스트가 혼미한 가운데 나를 섬기지만 곧 나는 그를 모든 것이 명료한 곳으로 인도할 것”이라고 해요.

장　《파우스트》 속 하느님은 세상에서 가장 마음에 드는 사람으로 파우스트를 꼽았군요. 하지만 파우스트를 좋아하는 까닭은 성경과는 아주 다르네요. 욥은 착하고 하느님을 잘 따르는 사람인 반면 파우스트는 ‘혼미한 사람’이에요. 욥에 비해 ‘최고의 인간’ 자질은 한참 떨어지지만 하느님은 인간의 혼미한 상태를 ‘최고의 인간’의 필요조건으로 인정한 것이군요.

백　여기서 하느님의 명대사가 등장하죠. “인간은 노력하는 한 방황하는 법이니라.” 혼미한 상황 속에서 더 큰 방황을 하는 사람이 결국 큰 노력을 하는 사람인 셈이니, 세상에서 만물의 이치를 찾기 위해 가장 크게 혼미한 파우스트가 하느님 눈에는 가장 큰 의인으로 보인다는 거겠죠.

장　창조주가 불안정한 상태에서 방황하는 인간을 어여쁘게 보다니, 뭔가 알 수 없는 안도감이 찾아오는 대목입니다. 중세 기독교에서 만나던 하느님과는 달리 괴테의 하느님은 상당히 인간 친화적인 근대 조물주의 모습이군요.

백　그렇죠? 인간은 원래 완전한 존재가 아니다, 혼미한 것이 정상이다. 이것을 인정하고 들어가니 갑자기 위안이 되네요.

어떻게든 파우스트를 하느님으로부터 등지게 해보겠다는 메피스토펠레의 도전을 하느님은 흔쾌히 허락해요. 선한 인간이란 어둠 속에서도 올바른 길을 갈 것이라고 이야기하면서요. 오히려 게을러지기 쉬운 인간에게 악마를 동반자로 붙여 괴로움 가운데 그들을 일깨우겠다고 말씀하시는 거예요.

장 성경 속 욥이 《파우스트》를 읽었다면 좀 억울했을 것 같네요. 욥은 모든 자식들과 재산, 건강까지 잃으며 고통받았는데, 파우스트는 악마가 개입하자마자 젊음, 여자, 재물을 다 얻고 '발푸르기스의 밤' 같은 환락의 밤도 즐기잖아요?

백 하지만 욥은 유복하고 존경받는 행복한 사람이었다가 사탄이 개입해 불행해진 거고, 파우스트는 평생 세상에 대한 절대 진리를 찾아 방황하다가 불운한 노인이 되어 자살 직전에 사탄이 개입해 젊어진 거고요. 뭐 플러스 마이너스 제로라고 하면 둘이 별로 다르지 않을 것 같기도 하네요, 하하. 하지만 저는 파우스트가 젊음이니 환락이니 온갖 좋은 것을 손에 쥐었어도 책을 읽는 내내 행복하다는 느낌은 못 받았어요.

장 어째서죠?

백 파우스트는 메피스토펠레가 단순히 젊음이나 쾌락을 선사한다고 해서 자기 영혼을 파는 것이 아니었어요. 파우스트가 "멈추어라, 너는 정말 아름답구나!" 하는 문장을 말하는 순간 그의 영혼이 메피스토펠레의 손으로 넘어가게 되는 거죠.

장 수수께끼 같은 말이네요. 무슨 뜻이길래 저 말을 하면 영혼을 넘겨주게 되는 건가요?

백 파우스트는 평생 세상에 대한 진리를 알기 위해 멈추지 않고 노력한 사람이에요. 천사들이 그를 일컬어 "언제나 열망하며 노력하는 자"라고 한 것처럼 쉬지 않고 달린 거예요. 그런 열망에서 벗어나 '멈추고 감탄할 수 있는 어떤 것'을 발견한다면 그땐 영혼을 팔아도 여한이 없는 거죠. 그게 아마 평생 파우스트가 찾아 헤매던 것일 테고요. 다양한 해석이 가능한 문장이지만 저는 이 해석이 가장 마음에 들었어요. 하지만 결국 파우스트는 진심으로 이 말을 하지 못해요.

장 진심으론 못 했지만 그 말을 하긴 한 건가요? 작품 끝까지 메피스토펠레가 헛수고만 했다면 좀 맥없는 결말일 것 같은데요.

백 파우스트가 이상향으로 "내가 만약 날마다 싸워 자유를 누리는 사람들과 자유로운 땅에서 살 수 있다면 그때에서야 '멈추어라, 너는 정말 아름답구나'라고 말해도 좋으리라"라고 가정문을 말하는 바람에 지옥으로 떨어질 뻔해요. 메피스토펠레가 어찌나 빨리 덮치고 지옥문이 어찌나 무시무시하게 열리던지 아주 스릴 넘치는 대목입니다. 하지만 괴테가 자기 자신처럼 여긴 파우스트를 지옥에 처넣을 수는 없죠. 천사들이 나타나서 "언제나 열망하며 노력하는 자, 그자를 우리는 구원할 수 있노라"라고 하며 파우스트의 영혼을 하늘나라로 데려갑니다. 괴테는 평생 열망하며 연구하던 자신을 이 작품의 결말에서 스스로 구원해주죠.

장 파우스트나 괴테나 너무 무리한 열망 속에 산 것이 아닌가 싶어요. 특히 파우스트가 살던 16세기라면 더더욱이요. 과학 기술이 눈부시게 발전한 지금도 모르는 것투성이잖아요? 16세기라면 천동설과 지동설의 개념을 두고 싸우던 수준의 시대였는데요, 세상에 대한 진리를 찾는 사람은 정말 여러 가지로 방황할 수밖에 없었겠네요.

백 세상의 모든 비밀을 알고 싶어 했던 파우스트는 속이 터졌겠죠. 하지만 과학이 발전했다고 해도 16세기나 지금이나 우리가 세상에 대해 모르는 게 아는 것보다 훨씬 많은 걸요. 수명이 늘었단들 백 년 살기도 힘든 인간이 어떻게 '세상에 대한 진리'를 이해할 수 있겠어요. 저는 파우스트처럼 알고 싶은 것에 대해 열망은 하되 모른다 해도 절망하지 않는 삶을 살고 싶어요. 가끔 멈춰서서 조물주가 만든 아름다운 세계를 보며 감탄도 하고, 사랑하는 사람들의 존재를 감사하며 좋은 시간도 보내고. 나는 유한한 존재니까요.

장 파우스트와 괴테가 닮은 점이 많기는 하네요. 괴테는 그야말로 여러 방면의 학문에 관심이 많았어요. 예술에도 관심이 많아서 시간과 노력을 많이 들여 미술과 음악을 연마했죠. '외국어를 모르는 자는 모국어에 대해서도 모른다'라며 언어 공부도 열심히 했어요. 라틴어, 그리스어, 프랑스어, 영어, 이탈리아어를 공부하고 구사했죠. 성서를 제대로 읽기 위해 히브리어, 이디시어도 익혔다니까 독일어까지 7개 국어를 구사한 거죠.

뿐만 아니라 치의학과 해부학에 대해서도 깊은 연구를 해서 오직 인간만이 가진 간악골(앞니뼈)을 발견하기도 했어요. 그래서 영어 문화권에서는 이 뼈를 괴테의 뼈(Goethe's bone)라고 불러요. 괴테 전에 이 뼈는 원래 동물에게만 있는 것으로 알려졌는데, 신생아의 두개골 뼈에서 성인이 되면 없어지는 이 뼈를 괴테가 발견했대요. 당시 논란이 대단했던 진화론에 힘을 실어주었죠. 식물학에도 조예가 깊어 책도 집필했어요. '꽃잎은 잎이 변한 것이다'라는 사실을 발견한 것이 이 책의 가장 큰 업적이라는군요. 이 외에도 26년간 바이마르 궁정극장의 지배인이었고 연극을 연출했으며, 미술사에 중요한 '색채론'을 남겨 미술 발전에 이바지하기도 했죠. 또 유능한 정치인이기도 했대요.

백 여기까지만 들어도 숨이 차네요. 동시대를 살았던 보마르셰 3부작의 피에르 보마르셰가 생각나는 대목이기도 하고요. 보마르셰는 발명가, 음악가, 관료, 사업가, 스파이였는데, 괴테는 의학자, 식물학자, 연출가, 정치인, 언어학자, 음악가, 미술가였군요. 분명히 또 우리가 모르는 직업이 있었을 거란 생각도 드는데요?

장 보마르셰도 그렇지만 특히 괴테는 그가 연마했던 거의 모든 학문에서 (물리학은 젬병이었다고 하네요) '한 우물만 파면 좋을 텐데…' 하는 소리를 들었대요. 그만큼 여러 학문에 전문가였던 거죠. 파우스트가 열망으로 세상을 바쁘게 살았다곤 하지만 괴테는 파우스트보다 더했을 것 같아요. 파우스트는 학문에 정진하느라 연애를 마다했지만 괴테는 연애도 박사였죠. 평생 많은 여인을 만났고, 이 여인들을 통해 시인, 극작가로서의 감성을 습득했어요. 오죽하면 괴테를 연구하는 학자들은 '괴테를 알려면 그와 사귀었던 여자들도 같이 연구해야 한다'라고 말할 정도예요.

백 저는 24시간을 사는데 괴테의 하루는 한 60시간쯤 되었나 봐요. 7개 국어를 익히고, 여러 학문의 전문가가 될 정도로 연구하고, 극장장으로 26년이나 재직하고, 연극 연출도 하고. 어쩌면 근대의 위인들이 현대인들보다 더 도전적이고 치열한 인생을 살았던 게 아닐까요.

장   하하. 우리 손에서 스마트폰만 놓아도 시간이 좀 남을 것 같은데요? 현대 사람들은 집중하기 힘든 환경에서 사니까요. 뭐, 아무리 그렇다고 해도 괴테는 좀 유별나게 고능력자라 따라가기가 불가능할 것 같아요. 하지만 덕분에 우리는 그의 뛰어난 문학작품을 수백 년이 지난 지금에도 읽을 수 있으니 감사해야죠.

백 　괴테의 원작에는 수많은 신화 속 인물이 등장하고, 영혼을 악마에게 넘기는 조건도 복잡하죠. 메피스토펠레가 데리고 다니는 마녀나 말하는 동물 등 해야 할 이야기가 정말 많은데요, 이 원작이 오페라로 잘 옮겨졌을까요?

장 　일단 이렇게 많은 인물이 무대에 다 등장한다면 극장은 난장판이 될 테니 괴테의 《파우스트》는 수정이 필수였어요. 원래 이 작품은 구노 전에 작곡가 자코모 마이어비어(Giacomo Meyerbeer)에게 먼저 의뢰가 갔다고 합니다. 하지만 마이어비어는 "나는 괴테의 신성한 시에 손을 댈 자격이 없습니다"라고 단호하게 말했다는군요.

백 　복잡한 내용의 《파우스트》를 오페라로 옮길 자신이 없어서 그랬던 게 아닐까요? 허허. 그치만 이 많은 중요한 인물을 다 아울러서 방대한 곡을 쓸 작곡가가 과연 있을까 싶어요. 게다가 모든 사람이 알고 있는 내용이라 자칫했다가는 욕먹기 딱 좋으니 말이에요.

장 　본인이 직접 고백해야 알 수 있는 사정이지만 저라도 부담이 컸을 것 같긴 합니다. 마이어비어는 재치 있기로 유명한 사람이었으니 저런 식으로 우아하게 퇴짜를 놓은 거겠죠. 하지만 우리 용감한 구노는 〈파우스트〉 작곡에 착수합니다. 내용도 엄청 단순화했죠. "멈추어라, 너는 정말 아름다구나" 같은 심오한 해석이 필요한 부분은 과감히 삭제하고 '젊음을 주면 나는 영혼을 준다' 이런 식으로 거래를 단순화하고요. 등장인물도 내용의 흐름상 아주 중요한 사람을 빼고는 모두 삭제했어요.

백　모든 오페라가 다 그렇지만 이 작품은 특히나 그럴 것 같아요. 《파우스트》 1, 2부를 다 오페라로 만들었다간 바그너의 〈링〉 시리즈처럼 엄청나게 길어질지도 모르니까요.

장　단순화한 것 중에 지금 소개하는 아리아도 있어요. '정결한 집'은 상당히 중요한 장면인데요, 이 장면을 아리아로 표현했지만 아무래도 축소된 부분이 많아요. 그런데 '정결한 그녀'가 아니라 '정결한 집'을 노래하는 것이 사랑 노래치고는 상당히 특이하지 않습니까?

백　오페라에서는 이 노래를 그녀의 창문 앞에서 부르지만, 괴테의 작품에서는 방 안에서 불러요. 메피스토펠레와 파우스트가 마르그리트가 외출한 사이에 몰래 그녀의 방에 들어가는데, 파우스트가 '나를 혼자 내버려둬 달라'라며 메피스토펠레에게 부탁해요. 그러고는 그녀의 의자에 앉아보기도 하고, 커튼을 만져보기도 하면서 감탄하죠. 그녀의 방은 소박하지만 무척 단정하고 깨끗해서 악마조차도 놀랐거든요. 그녀의 소박함과 순결함을 방을 통해 상징적으로 나타내고 있는 거예요. 정결한 방이 곧 마르그리트인 거죠.

장   무척 상징적이긴 하지만 파우스트가 몰래 들어와 이것저 것 만지면서 사랑 노래를 부르는 건 좀 소름 끼치는군요. 마치 인기 스타의 스토커가 몰래 집에 침입해 침대에도 누 워보고, 개인 소지품도 훔쳐가고… 이런 것과 비슷해 보이 니까요.

백   사실 정확하게 똑같은 거죠. 게다가 순결한 처녀의 방에 겉 모습만 젊은 욕망 가득한 늙은이라니. 내로남불이라고 '내 가 하면 낭만적 사랑 고백, 네가 하면 스토커의 집착'이라 고 파우스트는 생각한 것 같아요. 원작을 충실하게 무대에 올리면 정말 소름 끼쳤을 거예요. 그치만 마음 떨리는 사랑 의 순간을 기가 막히게 잘 표현하는 구노는 파우스트를 일 단 앞마당으로 쫓아내고, 집을 바라보면서 떨리는 사랑 노 래를 하게 설정했어요. 가사도 '정결한 방'이 아닌 '정결한 집'으로 정하고요. 이렇게 세팅을 바꾸어 방에 몰래 숨어들 어 노래하는 스토커가 창 밑에서 세레나데를 부르는 청년 으로 탈바꿈시킨 거죠. 천재적 각색이 아닐 수 없습니다.

장   구노의 아리아들이 거의 그렇지만 유난히 이 아리아는 사 람의 마음을 떨리게 하는 구석이 있어요. 아리아 전 레치 타티보✿ 앞에 곡의 분위기를 나타내는 전주(前奏)는 바이 올린이 연주하는데, 그 소리가 마치 갸날픈 꽃잎이 떨어지

✿ Recitativo. 한글로는 서창(敍唱)이라고 하며, 오페라에서 대사를 노래하듯이 말하는 형식을 말한다.

는 것 같아요. 대체 무슨 조성인지 알 수 없도록 미묘하기도 해요. 레치타티보의 시작과 함께 반주로 깔리는 트레몰로❀가 파우스트의 떨리는 사랑의 마음을 더욱 아련하게 나타내주고요.

백 어떤 사랑이든 설렘과 떨림으로 시작하니까요. 이 아리아가 유난히 많은 사람에게 사랑받는 이유는 잊지 못할 사랑의 설렘을 너무도 잘 표현해주기 때문이겠죠.

장 사랑에 빠진 순간을 또 굉장히 섬세하게 표현해야 해서 부르는 데 어려움이 많아요. 이탈리아 작곡가들이 주로 작곡한 씩씩한 테너의 아리아와는 난이도가 다르다고 감히 말씀드릴 수 있겠네요. 큰 목소리로 마음껏 불렀다간 오페라 전체의 분위기를 망치기 딱 좋고요. 게다가 마지막에 나오는 하이C 음은 에너지를 많이 쓰는 음이지만, 또 크게 지르면 안 되는 부분이라 어려움이 많죠. 이 아리아를 부르는 테너들은 서정적인 곡에 대한 해석 능력, 유연한 고음 등을 다 갖추고 있어야 합니다. 누군가 이 아리아를 잘 부른다면 이미 상당한 수준은 넘어섰다고 이야기할 수 있겠네요.

백 잘 부른 이 파우스트의 아리아를 들을 때마다 드는 생각은요, '나는 저 아리아 연습 안 해도 되니 다행이다'와 '누군가 저 노래를 내 창 밑에서 부른다면 버선발로 뛰어나갈지도

❀ Tremolo. 음 또는 화음을 빨리 떨리는 듯이 되풀이하는 연주법을 말한다.

모르겠는데?' 입니다.

장 하하. 그렇죠. '정결한 집' 아리아를 정말 잘 부르는 경지가
되려면 이 아리아만으로 한 3~4년은 갈고 닦아야 하니까
성악가에겐 고역이죠. 두 번째 생각은 아무도 선생님의 창
밑에서 저 노래를 부르지 않기를 기원해봅니다.

백 우리 집은 1층이라 더 큰일이 날 것 같은데요, 하하. 저는
이제 이 아리아 들을 일 없으니 안심하셔도 됩니다. 이 아
리아 잘 부르던 성악과 선배님들은 다 결혼을 잘하셨더라
고요. 노래에는 진심을 전하는 힘도 있으니까요. 사랑하는
사람이 생겼다면 누구라도 한번 연습해볼 만한 아리아입
니다. 누구라도 내 품으로 날아오게 할 만한 힘이 있는 노
래가 아닌가 싶어요.

메조소프라노 백재은과 처음 방송을 한 건 KBS 클래식 FM 〈장일범의 가정음악〉을 진행하고 있을 때였다. '오페라 세상만사' 코너에서 모차르트의 〈피가로의 결혼〉을 아리아가 있는 라디오 극으로 꾸며야 했는데, 케루비노 역에 친애하는 백재은 선생님이 번뜩 떠올랐다. 워낙 연기력이 뛰어나고 무엇보다 맡은 일에 열정적으로 준비하는 매우 믿음직스러운 분이기 때문이었다. 그 후로 공연도 종종 함께하던 백재은 선생님을 다시 방송에 초대한 건 cpbc 평화방송 라디오 〈장일범의 유쾌한 클래식〉을 맡으면서부터였다. 때마침 월요일에 진행하던 오페라 시간에 공석이 생긴 것이다. 백재은 선생님은 고정 출연자로 기대 이상의 재미와 에너지를 담아 '백재은의 행복한 오페라' 코너를 꽉꽉 채워주었다.

〈장일범의 유쾌한 클래식〉은 이제 4년을 넘어 5년째로 향하고 있다. 그러고 보니 백재은 선생님과 함께한 시간도 무려 5년이 되어간다. 우리는 매주 만나서 오페라의 역사에 대해 이야기를 나누었고, 등장인물에 대해, 어디서도 듣기 힘든 생생한 무대 경험을 방송과 음악이 나가는 사이 나누었다. 이대로 흘려보내기

엔 아까운 이야기들이라 이걸 기록으로 남기자 의기투합했고 자연스럽게 대담집 형태의 책으로 이어지게 되었다. 늘 바쁘다는 핑계로 지금껏 책을 쓰지 못한 내가 이토록 멋진 대화에 참여하고 책까지 출간하게 되어 매우 행복하고 감격스럽다.

이 책에는 "정말? 정말이야?"라고 말할 정도로 어떤 책에서도 보기 힘든 오페라의 뒷이야기가 풍부하게 담겨 있다. 특히, 오페라 무대와 콘서트에서 맹활약하는 성악가 백재은과 오페라를 평론하고 강의하며 단 두 편(〈오페라 이순신〉, 〈세비야의 이발사〉)이지만 성악가로 출연도 한 음악평론가 장일범의 대화라는 점에서 특별하다.

책을 준비하면서 오페라를 보기 위해 떠났던 세계 도시들을 떠올려봤다. 대한민국의 서울·광주·대구·대전·창원, 일본의 도쿄·히로시마, 중국의 베이징, 싱가포르, 미국의 뉴욕·L.A, 러시아의 모스크바·상트페테르부르크·카잔·블라디보스톡·로스토프나도누(돈강의 로스토프), 오스트리아의 빈·잘츠부르크·브레겐츠, 프랑스의 파리, 이탈리아의 베로나, 스페인의 바르셀로나, 독일의 베를린·뮌헨·바이로이트, 체코의 프라하, 불가리아의 소피아, 스위스의 취리히·루체른·그슈타트, 핀란드의 사본린나, 에스토니아의 탈린, 네덜란드의 암스테르담 등 정말 여러 나라와 도시를 다녔다. 오페라를 본 건 아니지만 구스타프 3세 국왕이 총탄을 맞고 시해되었던 스웨덴의 스톡홀름 국립오페라극장에서는 서울시 오페라단의 베르디 오페라 〈가면무도회〉의 극장용 해설을 맡아 촬영하기도 했다. 피렌체의 축제 극장에서 열리는 리하르트 슈트라우스의 〈그림자 없는 여인〉을 보러 갔다가 5월 노동절 파업으로 못 봤고, 베네치아의 라페니체(불사조라는 뜻)극장에서도 파업 때문에 공연을 보지 못했다. 아시아 최초의 오페라 극장이라는 베트남 하노이 오페라하우스에서는 리오르 샴바달이 지휘하는 베를린심포니와 피아니스트 백건우의 협연을 보면서 여기서 오페라를 꼭 보고 싶다는 갈증을 느끼기도 했다. 이렇게 세계 곳곳에는 엄청 많은 오페라 극장이 존재하고 매일매일 다른 작품들이 그 도시의 중심에 자리 잡은 공연장에서 열린다.

그래서 난 세계 어떤 도시를 가든 가장 먼저 오페라 공연을 검색한다. 익히 아는 오페라들도 있지만 절대 천편일률적으로 열리는 법이 없다. 각기 다른 연출과 오페라 싱어의 조합으로 공연이 펼쳐진다. 같은 작곡가의 동일한 작품을 봐도 다 달라서 새로운 기대를 하게 된다. 훌륭한 캐스팅과 연출, 지휘 삼박자가 끝내주게 들어맞았을 때, 마치 우리 팀이 역전 만루홈런을 친 것 같은 최고의 희열을 맛볼 수 있는 곳이 오페라 극장이다. 아직 못 가본 나라도 오페라 극장도 너무 많다. 때로는 고개를 젓거나 야유할지도 모르겠지만 세계의 유서 깊은 또는 새롭게 변모한 오페라 극장에서 오페라를 보고 감동하고 브라보를 외치고 싶다.

여건이 허락한다면, 이 책을 읽는 분들 가운데 누군가는 실제로 세계의 오페라 극장을 찾아다니며 공연의 감동을 몸소 경험하게 될지도 모른다. 또 누군가는 이 책을 통해 무대 위의 장면과 아리아를 상상하며 마음속 여행을 떠날 것이다. 직접 가든, 책으로 만나든, 오페라를 사랑하게 되는 길은 저마다 다르다. 페이지마다 담긴 이야기와 음악의 향기를 따라가다 보면, 어느새 당신도 오페라에 빠져들게 될 것이다. 오페라는 단순한 공연이 아니다. 그것은 감정의 파도이자 삶의 극적인 순간을 응축한 예술이다. 한 번 빠지면 좀처럼 빠져나오기 힘든 아름다운 중독이다.

장 일 범

당신 곁의 아리아

© 백재은, 장일범

초판 1쇄 발행 2025년 6월 27일
초판 2쇄 발행 2025년 9월 30일

지은이 백재은, 장일범
펴낸이 오혜영
교정교열 김단희
디자인 온마이페이퍼
마케팅 한정원

펴낸곳 그래도봄
출판등록 제2021-000137호
주소 04051 서울시 마포구 신촌로2길 19, 316호
전화 070-8691-0072 **팩스** 02-6442-0875
이메일 book@gbom.kr
홈페이지 www.gbom.kr
블로그 blog.naver.com/graedobom
인스타그램 @graedobom.pub

ISBN 979-11-92410-52-4 03670